从厌学到好学
从好学到学霸

晓丹 著

北方文艺出版社

图书在版编目（CIP）数据

从厌学到好学，从好学到学霸 / 晓丹著 . —— 哈尔滨：北方文艺出版社，2018. 12（2024.7重印）

ISBN 978-7-5317-4429-0

Ⅰ.①从… Ⅱ.①晓… Ⅲ.①中小学生 – 学习方法 Ⅳ.①G632.46

中国版本图书馆 CIP 数据核字（2018）第 267883 号

从厌学到好学，从好学到学霸
Cong Yanxue Dao Haoxue Cong Haoxue Dao Xueba

作 者 / 晓丹

责任编辑 / 王金秋

出版发行 / 北方文艺出版社	邮 编 / 150008
发行电话 /（0451）86825533	经 销 / 新华书店
地 址 / 哈尔滨市南岗区宣庆小区1号楼	网 址 / www.bfwy.com
印 刷 / 天津市新科印刷有限公司	开 本 / 710×1000 1/16
字 数 / 155 千	印 张 / 15
版 次 / 2018 年 11 月第 1 版	印 次 / 2024 年 7 月第 2 次印刷
书 号 / ISBN 978-7-5317-4429-0	定 价 / 52.00 元

目录

 **上篇** 从厌学到好学，用兴趣点燃学习热情

第1章　治病治根，找到破解厌学情绪的密码

别让成绩成为压倒孩子的最后一根稻草 / 4
棍棒，是最失败的教育 / 7
授孩子以渔，而非授之以鱼 / 11
神童，你到底能走多远？ / 14
别把孩子当成替身 / 18
出身贫穷并不可怕，也不是你的错 / 21
不良家庭环境会毁了孩子 / 24
单亲的孩子需要更多关爱 / 27
让留守儿童不再孤单 / 30

第2章　巧用方法，唤醒孩子的学习动力

明确学习目的，让孩子充满动力 / 36
让孩子体验学习的乐趣 / 38
为孩子确定一个理想 / 41
防止不良情绪影响学习 / 44
帮孩子克服学习感知困难 / 48
帮孩子克服学习思维困难 / 51
帮孩子克服学习理解困难 / 55
用"成功体验"培养孩子学习的自信心 / 58

第3章 换位思考，特别关心孩子的学习

　　了解孩子的学习状况 / 62
　　教孩子掌握合理的学习方法 / 63
　　让孩子专心学习 / 66
　　让孩子主动学习 / 70
　　让孩子安心做功课 / 73
　　正确对待孩子的课外学习 / 75
　　给孩子"减负" / 76
　　走出阅读误区 / 78
　　培养孩子阅读习惯的方法 / 80
　　给孩子看适合他们的书 / 82

第4章 防微杜渐，纠正学习上易出现的毛病

　　孩子不爱去上学怎么办 / 88
　　孩子精神不集中怎么办 / 91
　　孩子偏科怎么办 / 95
　　孩子表达不清怎么办 / 98
　　孩子做作业马虎怎么办 / 102
　　孩子考试怯场怎么办 / 104
　　孩子考试粗心怎么办 / 108
　　孩子不爱动脑筋怎么办 / 110
　　孩子学习常常疲劳怎么办 / 111
　　孩子记不住东西怎么办 / 113

目录

下篇 从好学到学霸，用好方法让学习力爆表

第5章　多管齐下，全面激发孩子的学习能力

保护孩子的好奇心 / 118

和孩子一起思考 / 119

激发学习兴趣的小窍门 / 122

学习也能变成游戏 / 125

给孩子创造轻松的学习环境 / 128

做好心理"热身"，提高孩子的学习效率 / 130

让孩子获得"成功体验" / 132

鼓励孩子的兴趣 / 136

孩子考试失利时要帮助他振作起来 / 138

短时间集中注意力学习法 / 141

第6章　追根求底，把孩子的学习潜力开发出来

早期教育越早开始越好 / 148

开发孩子潜力的基本原则 / 150

开发孩子脑力的方法 / 154

开发孩子的记忆力 / 158

开发孩子的观察力 / 161

开发孩子的想象力 / 164

开发孩子的思维力 / 168

开发孩子的创造力 / 170

第7章 固本培元，培养孩子的独立学习能力

独立自主是学习能力的基础 / 176

教孩子安排自己的学习时间 / 178

养成良好的学习习惯 / 181

培养孩子的自学能力 / 184

让孩子学习制订学习规划 / 187

教孩子掌握高效的学习方法 / 190

培养孩子良好的读书习惯 / 194

教孩子掌握一些高效的读书方法 / 197

预习是独立学习的推动器 / 201

复习是独立学习的加强器 / 205

利用参考工具是独立学习的终极武器 / 209

第8章 学霸，成绩不是你的一切

高分低能——关于教育现状的思考 / 214

呼唤多彩的假期生活 / 217

大学是一个新的开始 / 220

让孩子明白知识的意义 / 224

不能忽视课堂外的知识 / 227

上篇
从厌学到好学，用兴趣点燃学习热情

厌学，是很多孩子成长过程中都会出现的一种负面情绪。不光是成绩不好的孩子，即便是成绩好的孩子也一样。家长和老师都会把这当作一个非常严重的问题。其实出现厌学情绪是很正常的，家长和老师只要做好引导，便能让孩子实现从厌学到好学的平稳过渡。

< 第 1 章 >

治病治根，
找到破解厌学情绪的密码

别让成绩成为压倒孩子的最后一根稻草

成绩不好，往往给孩子带来巨大的压力，成为影响孩子学习兴趣的一个重要原因。那些把成绩当作衡量孩子优秀与否的唯一标准的家庭，有的时候会造成严重后果。

某一年夏天，哈尔滨市发生了一对父子双双坠楼身亡的事件。警方在那名摔下来的男人身上发现一封遗书，大概意思是孩子学习成绩不好，对生活、对孩子将来失去信心，要带儿子去另一个世界生活。

原来，这对父子住在8楼，先摔下来的孩子是男子的儿子，今年12岁，刚花钱上了一所重点中学。

这个父亲没有什么文化，但对孩子的期望很高，教育严厉，但儿子的成绩一直不太好。他希望孩子能够出人头地，可又不讲究教育方法，经常因为学习问题冲儿子发火，所以孩子的厌学心理和逆反心理特别严重。

事例中的父亲极端的做法让人为孩子的离去而感到惋惜，同时也可见家长自身的素质、思想等因素对孩子的影响是多么巨大。请不要把自己的理想强加到孩子的身上，孩子不是为了学习而去学习。当学习变成了一种使命，试想一个幼小的生命成长在这种学习变成一种压力的环境中，他如何去正确地认识自己的理想？如何才能会学习？

第1章
治病治根，找到破解厌学情绪的密码

要培养孩子正确地看待学习，从根本上认识到学习的意义。家长要首先摆正自己的态度，只有这样才能更好地教育和引导孩子树立正确的人生观和价值观，才能让孩子在良好的精神环境中成长。

孩子大部分时间还是在学校里，老师作为孩子的第二家长对孩子的影响很大。

一般大家会特别厚爱那些学习好的孩子，而往往冷淡了成绩差的孩子。作为一名合格的教师这些都是不可取的，家长要多和老师沟通，了解孩子的情况，配合老师对孩子的教育。

那些处于被忽视地位的孩子，会承受更多来自学校和家庭的批评甚至歧视。这会使他们产生精神压力，有些孩子可能因此自暴自弃，逐渐变成"品学兼劣"的孩子。老师和家长要用自己的爱心温暖这些孩子，使他们走出因成绩不好而产生的阴影。

"独自面对日记

我是多么的寂寞

老师只爱那些考在前面的家伙

其实我很想大声说

我也想要考第一

我也想要大红花

可是谁会理睬我

我只是一个差等生

我只是一只没人爱的丑小鸭"

这是兰兰在日记中写的，从这短短的几句诗歌读出了一种忧伤。

兰兰是北京市某中学的一名普通的初中生，学习很努力，但成绩一直不理想，加之对自己要求很严格，所以产生了强烈的自卑心理，已经有些放弃读书的苗头。

后来班主任老师发现了兰兰的心理变化，主动地找她谈心，分析成绩跟不上的原因，在学习和生活上都给予了兰兰很大的关心，并且找到兰兰的家长，指导他们如何为兰兰营造一个愉快宽松的氛围。期末考试时，兰兰的成绩已经处在了中上游的水平。兰兰终于得到了梦想的大红花，脸上充满了自信的笑容。这一切都是班主任老师和家长共同努力的结果。

很多时候，无论作为家长还是老师都应该更加关注这些厌学的孩子们的心理，要知道你的一句话、一个肯定可能从此改变他们的人生！

"赏识导致成功，抱怨导致失败。"孩子正处于身心发育期，他们的思想观念和道德品质尚未稳固成型，即使学习成绩差，也有其优点和长处。因此，作为教师首先应去掉"有色眼镜"，积极地去发现他们在为人处世、学习生活等方面表现出来的优点和进步，看到优点就表扬，发现长处就扶持，有了进步就鼓励。孩子们在诚挚而又恰如其分的表扬、扶持和鼓励中会逐渐消除自卑，增强自信，在荣誉感与成功体验中发现自我价值，激起奋进的动力。

还有一些成绩较差的孩子，在同学关系中也往往处于"弱势地位"。发展到最后形成了孤僻的性格，于是厌学更加严重，导致中途退学早早地走上了社会。这些都是对其以后发展不利的。

作为教师,要尊重这些孩子的人格,保护他们的自尊心。只有人格受到尊重与保护,他们的自尊、自信和自强心才能调动起来。作为家长,要及早发现这些孩子的厌学心理,及时地和孩子进行心与心的沟通,了解孩子的内心所想,给予合适的引导。

尊重这类孩子的人格,绝不是简单地排斥批评教育,这种批评教育和管理只要是出于爱心,且有耐心,言辞中肯,分寸恰当,既晓之以理又动之以情,就不能伤害他们的自尊。

成绩不好的孩子,比普通孩子情感更脆弱,情绪更容易波动,这是直接阻碍他们进步和发挥潜能的内在因素。我们要把握他们这些思想和心理特点,及时给予关怀、疏导和抚慰,稳定他们的情绪。

人之初,性本善。孩子没有好坏,重要的是后天接受的事物所造成的影响和生活的环境所引起的心理变化,同在阳光下,孩子们的笑容都是最纯真的。

棍棒,是最失败的教育

"不打不成器""棍棒底下出孝子",很多父母认为暴力才是教育的铁则。这种情况在厌学家庭尤其突出,而且往往会形成恶性循环。因为厌学而引来父母打骂教育,然后孩子以更极端的方式厌学的例子举不胜举。

尤其对于青春期的孩子来说,父母的暴力行为无疑会助长孩子的叛逆。在孩子心智尚未成熟,对周遭的事物缺乏正确的判断能力的时候，叛逆的心理往往使孩子误入歧途，改写孩子的一生。

陈晨，今年15岁，是一名普通中学的初中二年级孩子，平时成绩中等。

因陈晨的父母很早离异，陈晨小时候与外婆和小姨一起生活，到初中时才开始和母亲一起生活。母亲再婚，继父对陈晨的要求比较严格，经常因为成绩不理想而责罚她。陈晨对这个后来的爸爸一直耿耿于怀，不愿意和他们生活在一起，妈妈对她说："你怎么这么不懂事，后爸也是为你好啊。要不你回你自己的爸爸那里去！"

陈晨终于忍受不住，说："走就走，谁稀罕留在这啊？"

陈晨妈说："你自己不好好学习还怪别人？"情急之下狠狠地打了她。

陈晨哭着离家出走，至今也没有消息。陈晨妈天天以泪洗面，后悔当初打了孩子。

其实，陈晨从小学开始，各科成绩就很一般。进入初中以后，由于生活环境的变化，加上父母的持续责罚，就有了厌学情绪。

初一下学期，一个邻居姐姐告诉她现在外出打工很赚钱，而且外面的世界很大，比这小地方好多了。从此，陈晨更加无心学习，成天想着到外面去找份工作好赚钱养活自己，脱离这个郁闷的家庭。由于平时缺乏交流，妈妈并不知道陈晨心里的想法，所以才有了前面提到的陈晨离家出走行为。

无独有偶。在曾经的网络新闻中，一个15岁女孩原本成绩优异，后来因为父亲时常暴力施教，渐渐产生厌学情绪，成绩下滑，老师也批评她，最后她甚至和老师打起来。

更糟糕的是，后来女孩选择了辍学打工，看到街边有女子站街招客，她学了起来，后来被警方抓获，当民警拍照取证时，女孩竟对着镜头摆起了"V"字。

老师和家长的暴力行为会直接伤害到孩子的心灵，因此教育孩子要懂得科学的方法和方式，切勿盲目地判断，错误地处置。面对孩子成长中出现的问题，打骂再不是解决问题的办法。尹建莉在《好妈妈胜过好老师》中写道："打骂孩子的方式绝不可能让孩子健康成长，只能让他的心理扭曲。一个心理残疾的人，远比一个生理残疾的人更糟糕，而且多一层可怕。"

很多时候，打骂不仅解决不了眼前的问题，还会造成更严重的问题。据调查，很多成年人的心理问题，往往都与小时候父母的教育有关。

望子成龙的父母，往往很难接受孩子的厌学心理。很多家长都有这样的想法"看到孩子成绩不好，我动的第一个念头就是打他""不打咋办""说了不听就得打"，当然，一时冲动的家长也会这样做。如此一来，孩子就会在厌学的情绪中越陷越深，甚至叛逆离家，造成无可挽回的后果。

这里有一个关于棍棒教育的调查实录，可以从中聆听家长和孩子的心声：

问题：您的孩子不学习你会打骂他们吗？

从厌学到好学，从好学到学霸
——如何让孩子爱上学习

A：我家孩子，就是不听话，回家从来不知道自觉学习，你打他一次，他记几天，然后又什么都忘了，可怎么办？

B：哎，你说这孩子不知道学习能怎么办？我其实也不想总打他，可是真不知道有什么办法了。

C：我也就是恨铁不成钢，现在家家都一个孩子，谁舍得总打他啊，可还指望他以后有个什么出息呢。

D：我和她说不通啊，这孩子越大理越多，而且还是一个女孩子，我也不能动手打她，只能骂她几句出出气了。

E：其实我也知道打骂根本没有什么用，可是真不知道该怎么办了。

……

问题：如果你的爸爸妈妈因为你不学习而打骂你，你会怎么想？

A：我也知道父母是为了我好，可我都这么大人了，他们这么对我根本没把我当成一个独立的人看，我当然会抗议了。

B：我就是不喜欢学习，我以后想弹钢琴，可是他们总逼着我学习，打我我也要弹钢琴。

C：以前总挨打，我想好了，再打我，我就离家出走。

D：他们到底把我当成是他们的儿子不？有话不能好好说啊，其实我也挺理解他们的，可是他们这么做我就能心服口服了吗？

E：每次考试我都不敢把成绩单拿回家，我爸看到了非扒了我的皮不可。可是我也努力了就是考不好，我的心理压力其实也挺大的。

……

第1章
治病治根，找到破解厌学情绪的密码

从上面的调查中，不难看出家长对孩子的爱和期望。家长的出发点都是好的，那就是希望能帮孩子端正学习态度，提高学习积极性。但是，对于孩子而言，他们需要独立的人格和尊严，希望得到平等的对待。

所以，对待有厌学情绪的孩子，家长和老师要给予更多的关爱，首先要平等地对待他们，不能用大人的权威和暴力来强行压制，让他们感觉到最大的善意和尊重。

作为家长，要和孩子建立良好的沟通习惯，在学习上和孩子成为朋友，让孩子学会正确看待学习和成绩，学会控制自己的情绪。

作为家长，尽量不要把自己的负面情绪带入孩子的教育中，孩子并不是你情绪的垃圾桶，他们不需要承受你的坏脾气。

授孩子以渔，而非授之以鱼

古时候，有一个渔民十分疼爱孩子，从来不让孩子出海，而是自己打鱼回来给孩子。渔民活着的时候孩子一直在父亲的关爱下快乐地生活，可是当渔民老去打不了鱼以后，他的孩子就因为不会捕鱼而活活饿死。

俗话说，授人以鱼不如授人以渔，但溺爱孩子的父母却背道而驰，他们授孩子以鱼，却没有授孩子以渔。许多父母都热衷替孩子们做他们力所能及的事情，但实质上父母是在打击孩子的积极性，并使孩子失去原本属于他们的实践机会，也会使孩子不愿意去学习这些基础的生存技能。

病在孩子，根在家长，父母的爱可促进孩子的精神发育，但溺爱会影响孩子的健康成长。在心理学家看来，孩子的问题其实大多数源于父母，因为孩子还不具备判断是非的能力，他只能根据父母的态度来判断。如果父母什么都给孩子安排好了，什么事情都不用孩子自己去做，孩子一旦离开了父母的保护伞，就根本无法生存，更别说好好学习了。

"我是圆圆的第五个家庭教师，前四个都受不了他的脾气放弃了。"武汉科技大学数学系的小月告诉记者，在接触了孩子不到一星期，他也动了走的念头。

圆圆今年6岁，9月份他将成为小学生。为了让圆圆尽快适应小学生活，父母为他请了家庭教师。

圆圆家境殷实，父亲是一家公司的老总，很少有时间管孩子，爷爷奶奶又格外宠爱孙子，这让圆圆从小就特别淘气，谁也不怕。由于长期习惯了以自我为中心，常与同伴发生矛盾，在经历了两个星期的幼儿园生活后，圆圆被接回了家。

学习时，来了兴趣，圆圆会坐下跟着小月念上几句拼音；兴致没有了，便起身去玩玩具。小月阻止时，就被圆圆极不耐烦地推开："谁也管不着我。"奶奶则在一旁为孙子说话："学了这么半天，还是让孩子玩会儿吧。"而此时，往往坐下还不到5分钟。

小月发现，在家中唯一可以经常陪伴圆圆、教育圆圆的只有奶奶，而奶奶的教育方法更多的是迁就、放任。这也令圆圆养成了以自

第1章
治病治根，找到破解厌学情绪的密码

我为中心的毛病，凡是他人妨碍到他，他便会予以"反击"。圆圆如果以这种个性走进小学，将难以适应校园生活，在完全不同的环境中缺乏适应力，肯定会产生厌学情绪。

过分溺爱孩子的危害是显而易见的。首先，对孩子来说，他会理所当然地认为父母亲应该帮他做所有的事情，为他服务。而某一天父母亲不再这样照顾他，他便会有沉重的失落感。

其次，对父母而言，他们自认为的无私行为实际是自私的。因为他们忽略了孩子本身成长的需要。倘若等孩子长大之后上学了，父母还是一如既往，还是不断地替他做事情，孩子这也不会做，那也不愿学，长大以后会成为一个无能的人。

孩子上学后，家务不让沾边，怕影响其学习；作业完不成就代笔，怕受老师批评。这无疑扼杀了孩子的探索精神和求知欲望，使孩子成为又懒又笨、十分无能的人。

我们来看一下一个溺爱孩子的家庭中孩子的成长轨迹：孩子上幼儿园了，每天爸爸给他穿好衣服、系好鞋带送到幼儿园，鞋带松了踩着摔个跟头他也不会自己系上；孩子上小学了，不会擦屁股，在学校他就憋着不上厕所，实在憋不住了就……弄脏了裤子被同学嘲笑；孩子升入中学，妈妈定时到学校给他送奶，还是用奶瓶装的；孩子考上大学一家人开心极了，开学那天，爸爸扛着最重的行李，妈妈身上挂满了大大小小的背包，两人气喘吁吁地紧跟在手拿一瓶矿泉水走在前头的孩子；孩子大学毕业了，为找个好点的工作爸爸开始求人、托关系，生怕孩子不满意；孩子要结婚了，一套新房花掉了夫妻俩大半辈子的积蓄，还不算必须置齐的家具、电器；孩子有了自己的孩子，看孙子就成了老两口最大的任务。

溺爱是一种自私的爱，让孩子失去了自由发展的空间。溺爱只是一种单方面的付出，而算不上爱孩子。

被溺爱的孩子的厌学都不是先天的、固有的，而大多数是家庭教育不当所引起的。解决这类孩子的厌学问题，绝对不能当成孩子贪玩或者其他表面原因引起的问题来处理，要治疗现代溺爱综合征，需要家长和学校统一思想并密切配合。

授孩子以渔，而非授之以鱼。要想让孩子走出厌学的困境，父母要做的不是把孩子抱出来，而应该是教孩子学会依靠自己的力量去爬出来，哪怕他跌得鼻青脸肿。在学习中，解决孩子厌学的最好办法不是强制或者引诱他学习，而是让他形成潜在的学习需要和动力。

神童，你到底能走多远？

"过犹不及"，做家长的千万不要因为自己急功近利的情绪而对孩子施加过重的学习压力，从而引发孩子厌学的情绪，这并不是挖掘孩子的潜力，从某种意义上说，甚至是对孩子潜力的一种扼杀。

孩子的学习无时无刻不在牵扯着家长的心，父母都望子成龙，都希望自己的孩子比别人家的强，学习成绩出类拔萃，能成为无所不能的神童。

近年来，关于"神童"的报道越来越多，遍地开花并大有蔓延之

第1章
治病治根，找到破解厌学情绪的密码

势，一时间中国似乎已经迈入了"神童年代"，各个领域的"神童"层出不穷。殊不知那些所谓的"神童"，绝大多数都是成年人用残忍的方式培养出来的，这样的孩子即便在某一领域取得了一定的骄人成绩，也未必感到快乐，因为他们永远失去了本应充满欢声笑语的童年。

更为严重的是，很多孩子因为父母师长的期望值过高，长期处于一种高强度学习、高心理压力的状态下，很可能会产生严重的厌学情绪。轻者表现为沉默寡言，对学习丧失兴趣；严重的甚至会引发严重的心理疾病，对孩子的健康成长造成极大的危害。

没错，世界上确实存在神童，但是我们也应该清醒地看到，真正意义上的神童毕竟只是极少的特例而已。如果不顾一切执意采取拔苗助长的方式使自己的孩子成为所谓的神童，虽然孩子可能会在学习上获得一定的成绩，但却彻底失去了自由发展的空间，失去了童年所应该享有的自由和快乐。长久下去，对学习很容易产生厌倦和逆反的心理。

在对全国几千例进行超前教育、培养"神童"的个案调查当中，孩子短期内取得一定成绩的占70%，另外30%则比以前成绩更差了。令人担忧的是，在以后的学习中，有80%以上的"神童"出现了厌学情绪，甚至存在严重的心理问题。

2000年出生的小康2岁时就掌握了1000多个字。4岁学完全部初中课程。在小学小康只上了二年级和六年级。2008年10月，8岁的小康就跳到了县属重点中学，也跳过了他的童年。而这一切，都源

从厌学到好学，从好学到学霸
—— 如何让孩子爱上学习

于小康妈妈的理想。而儿子取得的成绩又膨胀了母亲的理想。母爱从此像掘井机一般没日没夜地挖掘着小康的潜力。在小康的生活中，除了学习还是学习，没有伙伴，也没有玩具。

13岁时，小康以高分考进湖南湘潭大学物理系。2013年，17岁的小康又顺利考入中科院高能物理研究所。这以前，小康一直是在母亲的监督甚至是监视下学习的，从心里讲，他早就产生了厌学的情绪，甚至恨自己的妈妈。到了中科院以后，妈妈无法再跟随他、监督他的学习，厌学的情绪终于开始爆发——小康离家出走了。母亲千里迢迢地从湖南赶到北京，费尽周折才找到孩子，可是小康却再也不愿意去读书。

电视台记者采访小康的时候，小康说："我似乎懂的东西比别人多很多，可是对有些东西却一点也不懂。我很迷惘，不知道该怎么办好。"

迷惘，是"天才"类孩子厌学的突出表现，孩子的这种迷惘情绪主要是由于他的知识体系、年龄层次和现实环境严重脱节造成的。

这类孩子一般天资聪颖，父母又舍得在孩子的教育上投入资金和精力，所以孩子在考试、升学上并没有太大压力。但是父母的期望却远远不止是考试那么简单，一旦孩子考试中轻而易举取得一定成绩之后，父母就自然地提高了自己的期望值，并强制孩子去实现它。这样强制性的灌输，很容易引发孩子的厌学情绪。

教育专家劳凯生指出："对于天资聪颖的孩子，你更要把他当成一个正常的孩子，不要把他看成是一个天才。将其当成一个正常的孩

第1章
治病治根，找到破解厌学情绪的密码

子来看待，他可能会活得非常快乐，心态也非常健康。反之，他在家里、在学校中、在社会上所感受到的都是别人给他的压力：你可是天才，你将来一定要成才，一定要为社会做更多的贡献。让他小小年纪面对这些他所承受不起的压力，时间久了，他就会采取躲避这个社会也躲避家长的方式，你一说话他就觉得你干吗这么啰嗦呢？……所以，我想告诫家长的是，要尽快改善这种教育模式，首先是对孩子的看法要改变，应以一个正常人的心态，把他看成是一个正常的孩子，我觉得这点很重要。"

父母在培养孩子的时候应当注重他们全面的发展。实际上，一个人的天才就是说他遗传下来的某一些优势，必须要通过后天各个方面能力的发展，才能表现出来。所以从这点来说，学校对于孩子的评估方法应该改变，不应单纯地看成绩，也不是单纯地看智力的发展，而应该看全面发展。

那么如何缓和或者预防有一定天资的孩子产生厌学情绪呢？治病不如防病，家长和老师们应该把重点放在教育的方法上：

1. 对于孩子的能力有切合实际的认识，太高或太低的期望都不利于孩子的成长；

2. 任何学习都要由浅入深、系统地进行，只能加快进度，不能指望跳跃和省略，否则将来还要再补课；

3. 不要过度安排孩子学习课程，给孩子留出玩耍和游戏的时间；

4. 不能只关注孩子具有特长的方面，要让孩子全面学习、全面发展，特别要注意非智力因素的培养和教育；

5. 经常鼓励孩子，培养孩子的兴趣，为孩子创造良好的学习条件；

6. 不要向别人炫耀自己孩子的特殊能力，特别是当孩子在场的时候；

7. 让孩子与同龄人一起活动，注意锻炼身体；

8. 不能有急功近利的思想，期望孩子处处领先，早出成就。

别把孩子当成替身

俗话说："可怜天下父母心。"做父母的，哪个不希望自己的孩子有一个好的未来。可是，很多父母在教育孩子的时候，有意识或者无意识地把孩子当作自己的附属品，成为自己的"替身""傀儡"。

老王小时候被周围的人称为"神童"，但是因为家境贫困，小学没念完就辍学打工了。为此老王一直耿耿于怀，认为命运对自己太不公平，如果当时能够一直读书，现在一定能够有所作为，而不是成为一个仅仅靠体力劳动来维持生存的普通工人。

孩子小王出生以后，老王把一切的希望都寄托在小王身上，绝对不允许自己的悲剧在孩子身上重演。为了让孩子好好读书，完成自己小时候未实现的梦想，老王恨不得把自己的一切都用在对孩子的教育上。他从来不肯让孩子做一点家务，给孩子请最好的老师，上最好的学校。当然，他对小王也是严格要求。

小王没有辜负父亲的期望，成绩在学校中一直名列前茅。不过，小王性格内向，除了学习以外，基本没有什么别的兴趣，也很少和别人交往。到了高三，老王更是勤加督促，生怕孩子因为一时的大意考

第1章
治病治根，找到破解厌学情绪的密码

不上好的大学。

令老王意想不到的是，当北京某重点大学的录取通知书寄到的时候，一向乖巧的小王竟然留下一封信，离家出走了。

"……对不起，爸爸，我真的好累。我觉得这么多年以来，我一直不是自己，没有思想、没有灵魂、没有朋友，除了不断地学习、学习、学习，我一无所有，您的意志就是一切，我就是另外一个您……我真的好希望能让您开心，可是我真的无法忍受现在这样的生活了……"

老王疯了一样寻找自己的孩子，两个月以后终于在异地的一个城市找到了身心俱疲的小王。虽然小王重新回到了老王的身边，但是却再也不肯去上学了，而且一看到书本就头疼、恶心。在老师的建议下，小王去看了心理医生，结果是得上了严重的厌学症。老王欲哭无泪："我究竟做错了什么啊？！"

教育专家蔡芹老师说："家长们总是在忙着为孩子编织梦想，却很少问孩子是否愿意接受这个梦想，也不在乎孩子是否有自己的梦想。"

现实中，许多家长并不是真正为孩子的前途和健康考虑，而是把孩子作为实现自己理想的"替身"，让孩子将来为自己争面子、挣大钱。说穿了，家长实际上是为自己考虑，孩子的肩上背负了家长太多的期望。例如，有的孩子并不喜欢跳舞，但家长认为跳舞可以让孩子将来出人头地。还有的家长，因为曾经有过类似的梦想却因种种原因未能实现，于是就硬要孩子学。在这种强迫状态下，孩子根本没有学习兴趣，也无从体会到学习的乐趣，再加上孩子青春期和性格形成期的逆反心理，很容易产生厌学的情绪。

那么，面对因这类原因而叛逆、厌学的孩子，家长的教育思想应该这样调整：

首先，家长要明确一件事，那就是孩子的未来是孩子自己的。孩子是父母的希望，但是绝对不是父母的傀儡。我们首先要尊重孩子，并让孩子感觉到这种尊重，使他们知道父母不仅在乎他们的成绩更在乎他们的感受。一切问题的解决方法，都是从彼此的尊重与交流开始。

其次，孩子的学习兴趣是需要引导、培养的，而不是强加的。儿童教育的关键是为了让孩子获得丰富的人生经验和童年乐趣。一方面，父母对孩子的指导作用十分重要；另一方面，孩子的自身喜好也不应该忽视。

比如，孩子不喜欢书法，对学习书法十分厌烦，父母可以引导孩子发现书法中隐藏的乐趣，让孩子逐渐产生对书法的兴趣。或者观察孩子感兴趣的是什么，让孩子学习他感兴趣的东西，而不是一味地用父母的权威去强迫孩子学习。兴趣是创造之母，没有兴趣的学习是枯燥、无效的。

教育的关键在于父母与孩子之间建立起一种良性的互动关系，父母要发挥对孩子成长的引导作用，要对孩子因材施教，因势利导。

同时，父母对子女要有合理的期望值，要注意教育的方式方法。随着社会进步和经济的发展，人们的价值观念时时更新，成才标准多种多样，正所谓是"三百六十行，行行出状元"。只有在尊重孩子意愿的前提下，充分开发孩子的智力和潜能，调动他们的积极性，才能使他们在父母殷殷希望的陪伴下,一步步走向成功,既实现了自我,又了却了父母的心愿,使父母与孩子实现"双赢",共同拥有美好的未来。

从孩子出生起,父母就为了孩子的未来而开始苦心经营培养孩子这项"伟大工程",他们付出的不仅仅是时间、金钱,更是全部心血和深深的爱。为了让这份爱完全发挥作用,成为帮助孩子腾飞的翅膀,而不是阻碍孩子成长的障碍,父母们应该注意关爱的方式。其中最重要的就是,不要期望孩子成为自己的"替身",而要让孩子成为最适应社会的人。

出身贫穷并不可怕,也不是你的错

俗话说:"穷人的孩子早当家。"一般来说,经济状况不好的家庭,孩子懂事一般都很早,因为他们都知道父母的艰辛,所以他们一般都不会把兴趣放在玩乐或者其他事情上,只想通过好好学习来改变自己和家人的生存状态。

但是,经过调查,我们发现一个奇怪的现象:在学校,尤其是在高等学校——如专科学校和本科学校,家庭贫困的孩子很明显地出现了两极分化,一部分吃苦耐劳,学习用功,成绩优异;另一部分则厌学、逃课、迷恋网络游戏和小说等,学习一落千丈,甚至不得不离开校园。

为什么会造成这种现象呢?教育心理学家分析说:一般来说,家庭贫困的孩子要比家庭负担小的孩子承受更大的压力。适当的压力对

从厌学到好学，从好学到学霸
—— 如何让孩子爱上学习

孩子的成长是有好处的，从某种意义上说，压力可以转变成为动力，现在流行的挫折教育就是一种有益的教育手段。

但是对于贫困家庭的孩子来说，他们肩上的压力是不可抗拒的，他们在这种"压力教育"当中，只能扮演一个被动的角色。如果孩子的心理素质好，能够承受一定的压力，那么这样的孩子就可以成为一个"早当家"的典范；如果孩子的心理素质差，或者经过一些感情的纠纷、居住地的变化、学习环境的改变等较大的冲击，或者经济上的压力过重都可能会导致孩子无心学习。

高考失利的小吴无奈之下上了一所职业专科学校，为了给他凑学费家里负担了两万多元钱的债务。可是，只差一年就可以毕业的他却面临着失学的危险。

就在刚回学校没几天，小吴就接到了一则让他坐卧不安的通知：凡是在9月8日下午6时以前未缴学费和住宿费的同学，按自动退学处理，清出宿舍。

一纸通知无异于晴天霹雳，不管最后会不会被责令退学，小吴都认为学校此举"很让人寒心"。

"我已经横下一条心，学校真那样做的话，退学就退学。"小吴叹了一口气，"没办法啊，为了我上学，家里已经欠了两万多元的债了，都已经没有地方借钱了。"对小吴来说，退学很可怕，但更可怕的是，他不知道父母将会怎样面对这种残酷的打击。

因欠缴学费而面临失学的巨大压力，明显改变了小吴这20多天的生活轨迹。他撕毁了曾经踌躇满志写下的学习规划书，很少逃课的

第1章
治病治根,找到破解厌学情绪的密码

他经常不上课了,也不再像以前一样去图书馆自习。集体活动能躲就躲,而以前,在同学眼中,他总是一位积极的参与者。

"现在随便什么时候去寝室找小吴,十有八九都会在。"同班同学小林说。他也是一位贫困生,和小吴常常一起逃课。他害怕上课的一个理由是,有时"一边上课,一边想着家里的难处,眼泪哗地就流下来了"。

随后的一个星期,小吴的睡眠质量明显下降了,上床以后常常要熬到深夜一两点才能入睡,而早上五六点就醒来了。

幸运的是,学校做出了相应的让步,最后在相关机构的帮助下,小吴终于可以继续留在学校学习。可是家庭的债务和仍然没有缴齐的学费一直是他心里的一块大石,压得他喘不过气来,也没什么心思学习。

根据调查,因家庭贫困而厌学的孩子,大学的孩子要比中小学的孩子多,主要是因为大孩子比小孩子更"要面子",也就是更有自尊心。自尊心越强的孩子在受到打击以后,就越容易产生严重的自卑感。

贫困孩子的厌学,固然有家庭经济状况和孩子心理素质的原因,也有教育体制、社会风气、现行政策等多方面的原因,要想解决贫困孩子的厌学问题,仅仅从经济方面着手是远远不够的。

作为家长,除了在经济上给孩子力所能及的支持以外,还要注意孩子的心理问题,不要一直在孩子面前反复提醒家里欠了多少债务,希望孩子努力学习,早点赚钱云云。一般来说,贫困家庭的孩子都能理解家庭的艰辛,他们更需要的是心理上的减压。我们要让孩子明白，出身贫穷并不可怕，也不是他的错，进而克服自卑心态，重燃学习的热情，成为自信快乐的人。

作为学校，应该尽可能地为贫困孩子在经济上提供帮助。比如减免学费，提供勤工助学的机会，帮助贫困孩子联系助学贷款，等等。同时，学校还应加强对贫困孩子的心理辅导，营造良好的校园环境，为贫困孩子的健康成长营造绿色通道。

社会方面，大家要对贫困孩子的现状给予必要的关注，对他们的困难给予适当的帮助和支持，给予更多的经济上的帮助和人文上的关怀。

不良家庭环境会毁了孩子

我们总是习惯于把孩子比作正在成长的小树，而家庭环境就是小树成长的土壤，如果家庭环境出了问题，小树是很难茁壮成长的。

长期生活在不和睦的家庭中，孩子目睹了父母之间的争吵及敌对的情景，缺乏家庭应有的温馨和关爱，会极易出现消极的情绪，具体表现在情感脆弱，易激动、没有安全感，觉得自己生活得不愉快，没有幸福感。严重者可能会表现出病态的人格特点，表现得敏感多疑，更遑论专心学习了。

在同一屋檐下生活，夫妻中间、父子之间、婆媳之间难免会有些磕磕绊绊，这是很正常的事情。但是和谐才应该是家庭生活的主旋律，而不是纠纷。

第1章
治病治根,找到破解厌学情绪的密码

小光的父母都是普通工人,一开始一家人的生活虽然艰苦了一些,但是还是其乐融融的,每天上学小光的脸上都洋溢着笑容。父母也十分关心孩子的学习,小光在学习上碰到了什么问题,爸爸妈妈总是会耐心地帮他解决。

过了一段时间,看到周围很多邻居都经商发了财,再看看自己家仍然家徒四壁,小光的爸爸妈妈也心动了。富有经商头脑的爸爸很快就在生意上小有所得,家里的经济状况也逐渐好了起来。经济的好转本来应该给这个和谐的家庭锦上添花才对,但是实际情况却并非如此。

小光的妈妈迷恋上了麻将,天天晚上吆五喝六地玩到深夜甚至通宵,而小光的爸爸则在外面包养了情妇,开始很少回家。原本和谐的家庭被不和谐的音符打断,父母两个人只要见面就吵架。小光有了以前没有的名牌衣服,有了以前想也不敢想的花不完的零花钱,但是却失去了往日的欢乐。

每次放学回家,不是看见父母在吵架,就是看见妈妈在乌烟瘴气的房间里打麻将,自己根本没有办法学习,更别说学习上有问题去向爸爸妈妈求助了。就连上课的时候小光也在担心晚上回家是个什么样子。

面对记者,小光哭着说:"我好想回到以前那样的日子,一家人开开心心的,现在同学们都羡慕我家里有钱,可是,有钱有什么用,现在爸爸妈妈都不理我……"

从厌学到好学，从好学到学霸
——如何让孩子爱上学习

培根说过："争吵是最烂的解决问题的方式。"何况夫妻之间还有个无辜的孩子。当夫妻间出现不可调和的矛盾时，应该尽量避免在孩子面前争吵，避免孩子受到大人情绪的伤害。

不仅仅是夫妻矛盾，婆媳矛盾也是很多中国家庭难以解决的问题之一。婆媳之间大战、冷战也会影响孩子的状态，导致厌学情绪的产生。

妈妈和奶奶在家里长期冷战，小雪无奈地说："一边是疼我爱我，从小照顾我的奶奶，一边是在外面辛辛苦苦地工作赚钱，供我读书的妈妈。两个人都是我最亲最爱的人，可是她们却非要我说对方不对，我该怎么办啊？而且每次回家都看见妈妈和奶奶阴着脸，心里确实很难过，也没心思学习。现在我经常跑到同学家里过夜，妈妈打电话找我，我也不回家。"

可能很多大人会觉得，大人有矛盾是大人的事情，和小孩子没关系，我们都是爱孩子的。实际上，孩子却是家庭纠纷中的最大、最直接的受害者。在一个以12000个家庭为背景的调查中，有严重纠纷的家庭，孩子的厌学率高达95%。

家家有本难念的经。每个家庭都有矛盾，或多或少，或大或小，但无辜的孩子都会受到伤害。所以，家长们不管有什么样的矛盾，都请静下心来为孩子想一想，怎样减少对孩子的伤害。

只有为孩子营造和睦、稳定的家庭环境，孩子才能将心思投入到学习中，厌学情绪也会自然而然地消失。

第1章
治病治根，找到破解厌学情绪的密码

单亲的孩子需要更多关爱

近年来，随着离婚率的上升，单亲家庭的子女越来越多，他们在学习过程中，也非常容易产生厌学情绪。

单亲家庭的孩子产生厌学问题的主要原因有以下几种：

1.单亲家庭孩子对不在身边的父亲或母亲有强烈的思恋情感，但是由于相见的次数极少，大多数通过电话交流，且三言两语就说完了，父亲或母亲与子女的交流减少，父爱或母爱的被剥夺，时间稍长，容易造成这些孩子冷漠、畏惧、抑郁、自卑、优柔寡断、多愁善感，不善于交际，缺少知心朋友，一旦遇到困难、挫折，只能自己解决，若自己解决不了的，则不了了之，日积月累就容易产生厌学情绪。

2.单亲家庭的父亲或母亲一般来说事务繁忙，无暇顾及子女，他们的子女多半由祖辈抚养，而祖辈对孙辈总是极为纵容、溺爱，家庭教育方法简单，常以娇惯为教育方式，寄希望于年龄大了以后会懂事。平常只重视生活上的呵护、爱惜，而缺少思想上的教育和学习上的关心，久而久之，孩子就会厌学。

3.有些离异家庭再婚，继父或继母与继子女之间由于没有血缘关系，又缺少交流与了解，容易产生摩擦，产生隔阂。有些继父或继母为了减少不必要的误解，采取消极态度，对继子女不问不闻，出了事情也不过问。这些孩子容易自卑，心理情感闭塞，也可能产生厌学。

从厌学到好学，从好学到学霸
—— 如何让孩子爱上学习

由于缺少家庭的关爱，且父亲或母亲又忙于工作，孩子非常容易受社会上不良少年的引诱，从而导致逃学厌学。

总而言之，单亲家庭的孩子需要更多的关爱，对他们来说，厌学多是缺爱的一个结果。因此，给孩子更多的关爱是单亲家庭教育中的重要内容。"谁爱孩子，孩子就爱他；只有爱孩子的人，他才可以教育孩子。"

对单亲家庭的孩子，家长在教育上要注意以下问题。

首先，调整自己的心态和情绪，引导孩子对家庭环境的变化形成正确的认识。夫妻离异大多是有无法化解的矛盾才发生的，离异虽然出现新的问题，但毕竟从更大的痛苦纠缠中解脱出来。孩子是敏感的，会第一时间感受家庭的变化。所以，不要企图隐瞒发生了什么，那样只会增加他的不安，失去对大人的信任。作为家庭的一员，他有权利知道家庭破裂的事实。这有助于他勇敢面对。坦诚回答孩子的问题：你们的家庭的确发生了变化，但你们仍然像以前一样爱他。

爸爸妈妈离婚的时候小乐只有四岁，两人为了不让孩子幼小的心灵受到伤害，对小乐隐瞒了两人离异的事实。小乐和母亲一起住，但是也经常去父亲那里，一直到了六年级，逐渐懂事的小乐也看出了一些什么。因为全家从来不能一起快快乐乐地出去逛街、游玩。

这些事情都像大石头一样压在小乐幼小的心中，小乐一天比一天郁郁寡欢，一天比一天不爱学习。有一天，小乐想要父母跟他一块去公园，母亲不答应，小乐伤心地说："既然你们俩关系那么不好，为什么生下我？"一句话，说得妈妈流下了眼泪。

第1章
治病治根,找到破解厌学情绪的密码

其实,小乐的父母一开始的出发点是好的,但是俗话说:"瞒得了一时,瞒不了一世。"孩子总有一天要面对这个痛苦的事实,父母应该随着孩子年龄的增长,逐渐懂事,把离异的主要原因告诉孩子。一般来说,孩子开始可能不理解,不愿意接受离婚的事实,情绪低落。但只要保持耐心,双方都跟孩子坦诚地交流想法,并表明对孩子的关爱不会改变,孩子很快会接受,并在生活和学习中保持相对稳定的心态。

其次,不在孩子面前讲另一半的坏话,不要相互破坏形象。在这段情绪混乱的时期,绝对不适合对配偶做任何评判,尤其是在孩子的面前。建议父母真诚地告诉孩子,父母分开只是无法继续相处了。

新学期开始,张老师担任三年级某班的班主任,没多久她就发现班上有个叫圆圆的女孩子十分讨厌和男孩子交往。张老师问圆圆怎么回事,圆圆说:"妈妈说了,男人没一个好东西。"

原来,圆圆的爸爸和妈妈在圆圆很小的时候就离婚了,妈妈一直记恨着对方,所以从小就有意无意地向圆圆灌输"世界上没有一个好男人"的思想,以至于圆圆从小就对周围的异性产生了强烈的厌烦心理。到了学校以后,圆圆对身边的男同学也是如此,不仅和同学的交往有问题,学习上也出现很多问题。渐渐地,她开始厌学,一到学校就头疼。

孩子本来就是家庭离异最大的受害者,如果还像圆圆的妈妈那样,把自己的仇恨灌输到孩子幼小的心灵当中,这对孩子是很残忍的。

再次，分开的夫妻要尽量冰释前嫌，不冷漠、敌视对方。分手后，孩子仍是双方共同的，只有平静地商谈教育孩子的事，才能让其有平静的学习、生活心态。尽管父母已经不在一起生活了，但也要让他感到父母给予他的关怀和爱是丝毫没有减弱的。这样能有效避免孩子出现行为问题。

第四，要避免补偿式溺爱。在单亲家庭，对孩子没必要百依百顺。物质的满足和情感的娇纵都无法替代精神上的缺失，对孩子的溺爱并不能补偿，相反可能是导致任性、厌学的根源。

总之，单亲子女能否形成健全健康的人格很大程度上由家庭、社会周边环境来决定的。单亲的现实是很难改变的，但是这并不意味着单亲孩子就一定是"问题儿童"，良好的教育同样可以把孩子培养成出色的人才。

让留守儿童不再孤单

有这样一群孩子，他们放学回家，没有妈妈做好的饭菜；周末，也没有爸爸陪着踢球。相反，他们要去洗衣服、做饭、做家务、照顾爷爷奶奶和弟弟妹妹。

他们就是留守儿童。缺少了爸爸妈妈陪伴的童年显得灰暗。据调查，留守儿童的厌学问题比较突出，主要是因为他们过早失去了父母的关爱和教育，其生活、学习和心理都要经受前所未有的困难。有的不适应，感到孤独无助；有的承受不了新的压力，诚惶诚恐；有的劳

第1章
治病治根，找到破解厌学情绪的密码

累过度，力不从心，等等。

具体说来，诱发留守儿童厌学的主要原因可以分为四个方面：

第一，父母对留守儿童的监护缺位。在父母都在外打工的留守儿童当中，祖父母、外祖父母监护的有56%；无人监护的有26%；其他亲戚监护的有18%。我们称由祖父母、外祖父母进行的监护为隔代监护。

隔代监护的缺点在于，一是心理代沟太深，祖孙难于沟通；二是祖辈过度溺爱，百依百顺；三是没有先进的教育理念。亲戚监护，日子一长，孩子或多或少有过失，只要亲戚批评责备，他们之间就有可能产生心理隔阂，严重的甚至闹矛盾；没有人监护，这些孩子不仅心里没有安全感，而且很多事情有可能因认知有限而失误。

江越是安徽省凤台县的一个孩子，他出生没多久，父母就到北京经营一些小生意。他被寄养在奶奶家里，从小爷爷奶奶就一直特别护着这个小孙子，爸爸妈妈因为常年在外，无法照顾江越，所以在物质上都尽量地满足他。

江越很聪明，上小学以后在班上的成绩一直名列前茅，一次在考试中江越马虎做错了一道题，被老师批评了几句。如果父母监护的话，一般都会和老师沟通一下，孩子的学习很可能会更上一层楼。但是江越的奶奶并没有这么做，她认为是老师"欺负"了她的小孙子，到学校大闹一场。

就这样，老师对江越的看法从此改变了，平常江越在学习、思想上出了什么问题老师也不愿意和家长沟通。而江越自己呢，则认为老师偏心，一些事情是专门针对他，认为老师是在给他"穿小鞋"。他越来越不喜欢上学，经常逃课，等到春节父母回家的时候，江越的成绩已经一落千丈。

第二，父母亲情淡薄，让孩子感觉孤单。在对 3500 例留守儿童进行的问卷调查中，发现有 36% 的留守儿童与父母是不经常联系的。

父母与子女之间的亲情是孩子心理健康发展的根本元素。然而，很多父母由于缺少教育知识和教育经验，加之因生活所迫，很难做到与孩子经常沟通，更少关注孩子的心理。这样就会导致孩子感觉孤单，丧失学习的动力，从而厌学。

南南在学校一直是一个很乖的孩子，成绩也是中上等，王老师一直很喜欢他。可是最近一段时间王老师发现，南南开始不喜欢学习了，由开始的上课精神恍惚，到后来干脆就逃课。

为了弄清楚原因，王老师对南南进行了家访，发现南南住在小姨家里。原来，南南的爸爸妈妈都外出打工，只好把南南寄养在亲戚家里。

为此，王老师特意同南南的父母取得了联系，最后南南的父母特意从外地赶回来。原来，南南这么做的原因竟然是想引起老师的注意，然后让老师找家长，这样就可以和爸爸妈妈见面了。

父母了解到南南厌学的真正原因以后十分内疚，最后两人商量，不管多忙都要尽量经常回家看看孩子。在老师和父母的共同帮助下，南南终于走出了厌学的阴影。

第1章
治病治根,找到破解厌学情绪的密码

第三,家务劳动占用孩子的大量时间和精力。对于一般的家庭来说,适当地让孩子参与家务劳动,有助于提高孩子的责任感和独立生活能力,这对孩子的学习也是有好处的。

但是,对于很多留守儿童来说,家务劳动不是太少,而是过于繁重,占用了他们大量的时间和精力。调查显示,80%的留守儿童在双休日要做家务劳动;52%的留守儿童要在双休日做饭;90%的留守儿童自己洗衣服。

燕子就好像她的名字一样,是个开朗活泼的女孩子,成绩不错,对同学也很好。可是有一段时间老师发现燕子经常不到放学的时间就开始东张西望,一副心不在焉的样子,一下课就拿着书包往外冲。每天早上也经常迟到,上课的时候呵欠连天。

老师找燕子谈了很多次话,但是都不管用,终于有一天燕子对老师说想要退学。

经过调查,老师才知道,原来燕子的父母都在外地工作,家里只留下14岁的燕子和6岁大的弟弟,还有年迈的奶奶。每天,在家的时候燕子都要照顾弟弟和奶奶,前段时间燕子在学校的时候奶奶不小心摔伤了腿,燕子觉得十分内疚。这以后她身上的负担更重了,要照顾弟弟和奶奶,所以还不到放学的时候燕子就开始想着早点回家,自然也就没有心思学习了。

了解了具体情况以后,老师在班上成立了爱心小组,利用课余时间去燕子家里帮忙。在老师和同学们的帮助和鼓励下,燕子的学习终于回到了正轨,人也重新开朗了起来。

第四，与正常家庭的孩子相比，留守儿童的心理压力更大。

儿童心理学告诉我们，儿童进入青春期后，虽然具有了独立意识，但毕竟经历不够、能力不足，对父母还具有很强的依附性。由于父母长期不在家，孩子往往遇事拿不定主意，加之思念父母，就会感到孤独、失望、烦恼，认为得不到理解，遭人歧视，甚至对今后的生活感到迷茫。这些情绪对一个十二三岁的留守儿童来说，是难以承受的。如果没有人及时为他疏导，就有可能压力变得越来越大，进而影响学习和生活。

榜样的力量是无穷的，尤其对小孩子来说更是如此，所以老师们可以把这些留守儿童组织起来，让那些阳光、懂事的孩子充当领导者，扩大他们的影响，发挥他们的辐射作用，从而带动所有的孩子。这样既可增加留守儿童的心理倾诉渠道，增进伙伴之间的友情，又可帮他们找到"家"的感觉，让他们从此不再孤单。

总之，解决留守儿童厌学问题的根本在于引导他们建立健康、乐观的心理状态，锻炼他们独立、自主的生活和学习能力，从而促进他们顺利成长。

我们应该把留守儿童的厌学问题提到一个新的高度，可以动员和整合全社会力量，加强对留守儿童群体的教育和培养，让他们健康地度过这段特殊的人生历程。

< 第2章 >

巧用方法,
唤醒孩子的学习动力

从厌学到好学，从好学到学霸
——如何让孩子爱上学习

明确学习目的，让孩子充满动力

从心理学上看，目的指引着我们做事情的方向，对成功具有重要作用。对孩子来说，学习目的是学习的动力来源。

如果学习目的偏离了正确的轨道，就会影响孩子的学习积极性，甚至丧失学习动力，产生厌学情绪。反过来说，如果发现孩子有厌学的情绪，我们要试着关注孩子的学习目的，只有端正学习目的了，孩子的厌学情绪才会消失。

一般来说，以炫耀为目的的学习，会让孩子的学习显得不自主，很容易受到外界环境的影响。这样的学习无法保持持久奋发向上的动力。

在学习上，适度的竞争是可以的，有助于激发孩子的潜能。但是，如果仅仅是为了这个，学习心态就有点偏差了。试想一下，假如学习的所有目的就为了超过他（或她），那么，一旦目标失去，学习不是成了毫无意义的事情了吗？一旦孩子觉得学习毫无意义，那自然就开始厌学了。

现实中，很多家长和老师会向孩子灌输这样的理念：学习的目的是考大学，上好大学才能有好前程。这种把上大学作为孩子唯一学习目的的做法也是不正确的。

据调查，一些高考状元很少把考取某某大学当作唯一的理想，虽然上大学是每个孩子的心愿，但是他们在谈到高考的时候往往表现出一种平和的心态——上大学是我的心愿，但绝对不是学习的唯一目的。而在那些厌学的孩子当中，却有很多是因为高考或者其他考试压力过重，最后导致厌学的。总之，我们要让孩子明白：升学、考试、就业，这些只是学习的过程，却不是学习的目的，学习的最终目的是成长，成为更好的自己。

那么，怎么样才能让孩子树立良好的学习目的，消除孩子的厌学情绪，变压力为动力呢？我们应该从激发孩子的求知欲出发，让孩子树立正确的学习目的。

求知欲，来源于孩子内心的积极要求。激发孩子的求知欲望就是使孩子把"要我学"变成"我要学"，也就是一个压力转化为动力的过程。

激发孩子的求知欲，家长可以从多方面去启发诱导。比如给孩子讲名人刻苦学习、奋发向上的故事，通过讲故事，使孩子思想感情上受到陶冶，进而改变行为方式。

与此同时，家长还要帮助孩子领会学习的意义，让孩子明白为什么要上学读书。家长对孩子进行学习意义的启发时，可以多角度来着眼。比如说语文学科的学习，帮助孩子明确学习语文是为了掌握语言文字这种交流工具，培养识字、看书、作文的能力，为学好各门功课打下基础。只有让孩子真正知道学好语文有多么重要，他们才能努力学好它。

除此以外，帮助孩子养成良好学习习惯。一种良好的学习习惯可以使一个人受益终身，可是一种好习惯的养成不是一朝一夕的事情，更不是孩子能自己去养成的。

孩子的天性是"玩"，对于他们来说玩是比学习更具吸引力的。因此，孩子会常常出现为了玩而不做作业，或边玩边做作业的现象。这些都是不良的学习习惯。

在这种情况下，家长首先应该和孩子好好谈谈心，认真指出孩子这些不良的行为，让孩子明白这样做有多么不好。做好孩子的思想工作后，可以和孩子一起制订出几条规则。光这样还不够，家长还要花较长的时间做一个尽职的督促员，发现问题随时纠正。经过一段时间，孩子就会养成自觉学习的好习惯。

让孩子体验学习的乐趣

"知之者不如好之者，好之者不如乐之者"，学习之精妙，就在于培养学习的乐趣。"乐在其中"是人生追求学问的最高层次，只有以学习为乐的人，才能真正学习好。一些同学对学习没有兴趣，但只要加以合理的引导，就可以培养良好的学习兴趣。

古有"悬梁刺股"，现在的孩子是每天早起晚睡，书不离手，仿佛学习是一件苦差事。

可是，经过繁忙的一天学习，经历了几场考试，每一张试卷都做得非常顺利。数学的最后一题，超级难，你苦思冥想，耗尽所有大脑细胞终于解出了它。那种快乐和幸福的感觉无与伦比，尤其当别人称赞你时，你更是会乐上了天。

总之，学习的乐趣之一就是经过你的努力而取得认可的那种喜悦，只不过有些孩子不善于发现罢了。即使是一名差生，也有学习的乐趣，老师的关注，作业本上的字写得漂亮，都可以成为一种快乐。

如果一个人对一件事感兴趣，他就会努力把这件事做好。学习也是一样，如果对学习感兴趣，就会学得更快、更好。学龄前的孩子们学习的速度是惊人的。他们在几年的时间里就学会了走路、说话，认识了身边的许多事物，尽管他们的智商并没有大一些的人高。现在你学一门外语的速度也许还没有儿童学说话的速度快。这是因为孩子们非常希望了解身边的事物，对身边的事物感兴趣。

许多伟大的科学家如牛顿、爱因斯坦等，小时候都没有上过学校，但他们都取得了很高的成就。这并不是因为他们天生就聪明，而是因为他们始终保持着对学习的兴趣。当然，在当今社会，我们应该去发现在学校学习的乐趣。

很多孩子可能会说："在学校学习那么没意思，哪有什么乐趣呀？"那可不一定。如果你去寻找，就会发现乐趣是无处不在的。关键是要去想这个东西是多么的有趣，而不是去想它多么枯燥。比如在学习数学时，你可能会想到一个又一个的定理很烦琐，证明起来很困难。你也可能想到数学中有很多规律，规律之间互相联系，组成许多新的事物。你还可能为学到了新的知识而高兴。所以，在孩子的学习中，我们应该尽量引导孩子去想有趣的事物，而不是去想枯燥的事物。

彬彬从小是个又聪明又淘气的孩子。3岁的时候，妈妈为他报了个小提琴班，提高点音乐素养。可几次课上下来，彬彬就不想学了，

从厌学到好学，从好学到学霸
—— 如何让孩子爱上学习

每次上完课，老师要求家长督促孩子练琴，妈妈都很认真，可彬彬每次都拉不了一会儿就问："行了吗？到点了吧？"因为练得少，下一次上课时自然表现不佳。和其他家长交流经验，有人说："学琴的孩子无童年，你没看过傅雷家书吗？连傅聪这样的大师小时候也是不爱练琴的。"于是，妈妈下了决心想试一下严教。

当天晚上，彬彬练琴时，妈妈就站在一边，拉错了，重来；又错了，再来；彬彬从哭丧着小脸到最后哭出了声。妈妈也没办法，冲他大吼大叫之后，只好让他去睡觉。这时，彬彬的爸爸说："我觉得这琴不学也罢。因为孩子不快乐，你也不快乐。都说学习是一件快乐的事情。我不希望孩子被逼着学什么，这会让孩子以后讨厌学习。"思索良久，夫妻二人达成一致：不管学什么，首先得让孩子从学习中得到乐趣。

第二天，妈妈告诉彬彬，小提琴班不用去了。如果彬彬觉得有什么是好学又好玩的，就一块去玩。彬彬眨着眼睛看着妈妈，突然一声欢呼："真的？太好啦！"

就这样，每次到了兴趣班时间，全班小朋友都去上课了，只有彬彬一个人留在班里。有一天妈妈去接他，一见面彬彬就举着一张纸告诉妈妈："我要学画画！今天我跟关老师去画画了，我画得最好！"妈妈接过来一看，是棕色的小熊，身上画满了大朵的五颜六色的花朵。老师告诉妈妈："今天大家上兴趣班课的时候，彬彬不愿意留在班里，就跟着美术班的小朋友走了。结果，他画的熊宝宝最漂亮——他还给熊宝宝穿了一件漂亮的花衣裳！美术老师说这孩子有想象力。"因为有学琴的教训，妈妈不敢抱太大的希望，就跟老师说："那就先让他报

第2章
巧用方法，唤醒孩子的学习动力

美术班试试吧。"

彬彬的父母也转变了教育思想，对孩子的画作都表示欣赏，无论他画什么，都表示欣赏。孩子对画画的兴趣就这样保持下来了。老师也觉得彬彬对美术挺有感觉，应该着力培养。于是，父母又带他去少年宫，学了儿童画、中国画、素描、油画等。

因为对画画有兴趣，彬彬常常是一有时间就躲在小屋画画，经常被老师推荐去参赛，先后得了很多大大小小的奖项。父母问他得奖高兴吗？儿子大声说："高兴，画画本身就让人高兴。"

在现实生活当中，我们成年人要承受很多来自生活、工作中的压力，很多人都有这样的看法：孩子的学习也是一种工作，一种任务，是一种必需的"吃苦"，所以在协助孩子制订学习目标的时候，往往把这种"吃苦"的想法也放了进去。

事实上，孩子学习固然是一件耗费精力的事情，但是却绝对不应该是一件吃苦的事情。如果让孩子认为学习就是吃苦，那么很难激发孩子的学习积极性，甚至导致孩子厌学。只有让孩子体会到学习的乐趣，孩子才能真正地克服厌学情绪，变得乐于学，勤于学。

为孩子确定一个理想

美国第16届总统林肯说过："喷泉的高度不会超过它的源头；一个人的事业也是这样，他的成就绝不会超过自己的信念。"这是

从厌学到好学，从好学到学霸
——如何让孩子爱上学习

因为越是远大、崇高的理想，越能激励人的斗志，越能使人执着地追求，做出不平凡的成就。对孩子来说，确定自己的理想，对于增加学习动力，克服厌学情绪有重要作用。

实际上几乎所有的人在孩提时都有美好的理想，当你去问上小学的中国孩子，不少孩子希望将来能成为科学家。但欧美国家的小学生常常会说自己的理想就是当商店售货员、街头艺人、人体模特、火车司机等。孩子的理想没有好坏，只有适不适合，孩子喜不喜欢，不应该以大人的标准要求孩子。

"小A，你的成绩在班上数一数二，将来考重点高中、上大学，很容易，而你却只想读一所中专学校，做个水管修理工，这不是浪费人才吗……"这是初三毕业班的几位教师教育小A同学的一幕。

而此时，小A同学孤立无援，任由老师们责难、告诫，只能淡淡地回答："考中专学校有什么不好？我想学一门专业技术，做一个像徐虎那样的人。政治老师也说过，职业没有高低贵贱，没有等级差别……"

原来，离中考只有几个月了，为了激励孩子奋发向上，让他们珍惜时间、力争考上重点高中，该班班主任利用班会进行动员，为了进一步了解孩子的思想动态，还发放了调查问卷：中考填志愿时你最想填什么学校？将来你最想从事什么职业？没想到小A同学如此"不求上进"，令老师们大失所望，于是他们决定紧急动员。

诚然，"志当存高远"，"不想当元帅的士兵不是好士兵"，理想是一个人奋斗的指路明灯,没有远大的理想将会使人浑浑噩噩,得过且过,到头来一事无成。然而,是不是非得要考重点高中、上大学,才算是崇高的理想呢?

职业没有高低贵贱,各种正当的职业都是社会的有机组成部分,都需要有人做。"行行出状元",各个领域、各个行业都可以出人才,在平凡的工作岗位上同样可以有所作为。然而,由于世俗的偏见,加上学校教育不适当的引导,在人们的潜意识中,往往认为只有读重点高中、上大学,将来才能"出人头地",才是孩子应该树立的目标。一旦孩子的想法与这种价值观有悖,便会被指责为没有上进心。这种做法往往会影响孩子的学习积极性,甚至产生抵触、厌学的情绪。

作为家长如何使孩子鼓起理想的风帆呢?

首先,应抓好对孩子的理想教育。在孩子生命的早晨,给孩子的心田播下理想的种子,是每个做父母的责任。

其次,应注意到,理想既是分层次的,又是具体的。每个孩子都有自己美好的理想。至于孩子将来干什么,家长当然可以根据孩子的兴趣、爱好、特长及家庭情况,及早进行定向培养,但这并不是最重要的。"三百六十行,行行出状元",孩子即使考不上大学,也会有许多出路。

"弃燕雀之小志,慕鸿鹄以高翔",应该是每一个青少年的正确选择。孟子说"人皆可以为尧舜",只要早立大志,从现在踏踏实实地做起,人人都能成为可造之才。要让孩子永远记住,人生是海洋,理想是灯塔,有远大理想的光芒照射,才不会在暴风雨中迷失方向。

再次,要避免把自己的理想强加给孩子。在教育孩子的过程中,一些家长往往自觉或不自觉地用自己的意愿取代了孩子的意愿,在"自己理想中的孩子"与"孩子的理想"之间画上了等号。

仅从家长的主观愿望出发,不考虑孩子的个性、兴趣、爱好和特长,这种家庭教育无异于"强加",无异于一种没有对象的教育,必定不会有好的结果。

如果孩子的志趣本在此,而家长硬要其乐彼,孩子不仅不会把这种学习当作一种乐趣,反而会形成一种思想压力,产生厌倦情绪。这既扭曲了孩子的兴趣,还会抑制孩子思维的正常发育。

理想是医治厌学的灵药,是孩子发奋学习的动力源泉,家长在强调孩子知识教育的同时,也要注意孩子的理想教育,两者是相辅相成的。

防止不良情绪影响学习

情绪是一个人内心活动的外部表现。大家都知道,情绪的好坏对一个人的工作是有很大影响的。一个人情绪好,工作起来效率就高;情绪不佳时,工作效率就低。对于孩子来说,情绪的好坏对学习效果的影响是不可忽视的。有的孩子长期情绪低落,形成某种不良的心理定式,严重地影响了学习。

俗话说:"小孩的脸,六月的天。"意思是指小孩的表情像六月的天气,变化快而且变化大。

表情是情绪的外部信号。表情的变化很大程度上反映出情绪的变化，年幼的孩子更是这样。心理学家指出，情绪的不稳定性是孩子的一大特征。

这里有两个值得注意的问题：一是年龄差异。十多岁的孩子与六七岁的孩子虽同是儿童，可是，如果十多岁的孩子的情绪仍然像六七岁一样，动不动就哭闹，毫无节制，那就显得情绪幼稚化了。

二是情绪诱因。一般情况下，孩子的喜怒哀乐都是由于某种原因引起的。比如说孩子做错事受到父母的批评，孩子显出一副沮丧的神情；孩子与朋友玩游戏取得了胜利，兴奋得手舞足蹈。而有些孩子多变的情绪则时常没有明显的诱因，或者说此种诱因并不足以引起相应的情绪，并不能成其为诱因。

老师在全班宣读孩子的优秀作文，没有读到彬彬的，彬彬就大发脾气。自己的作文没有被老师宣读，对于绝大多数孩子而言并不足以引发不良的情绪。可彬彬却不能接受这样的事实，认为老师是有意忽视自己。

谈到彬彬，家长和老师会说出一连串的诸如此类的事来：

刚离开家两天就想妈妈，在电话中听到妈妈的声音便呜咽不已，小小男子汉居然涕泪涟涟。

邻居的大孩子玩一下彬彬的"冲锋枪"，彬彬哭着叫着一定要抢回来，生怕他们搞坏了自己的"枪"。

多日不见的小表哥来了，彬彬高兴得忘乎所以，直至在地上打滚，不知怎样表达自己的兴奋之情。

全班同学去青少年宫参观，许多同学都爬上坦克。轮到彬彬时，坦克已挤满了，无法插足，老师只好叫他不要再上去了。彬彬奔到旁边，竟然用头往墙上撞。

有时上课并没有发生什么事，彬彬会突然莫名其妙地笑出声来。

是不是彬彬有点傻呢？彬彬可不傻，妈妈的描眉笔不知放哪儿了，彬彬能不费力地找出来。但说彬彬敏感细心，也不尽然，做作业、考试经常犯粗心大意的错误。

许多看似矛盾的情绪表现却统一在彬彬的身上，这就是典型的情绪适应不良。

下面是发生在类似彬彬这样的孩子身上的情绪不良问题。

彤彤给人的印象是很乖，文文静静的，不多言，不多语，不像别的孩子整天安静不下来，闹个不停。每当看到彤彤这孩子，家长们都啧啧称赞。

彤彤这孩子的确很文静，很乖巧，很老实，很少说话。平时表情安然，没有高兴得忘乎所以的情绪，也很少有大哭大闹的时候。除了上学、回家做功课之外，对周围的事情都不感兴趣。星期天，几个亲戚的孩子来家玩耍，个个都喜欢打游戏机，彤彤也凑上打过几次，但始终提不起兴趣。像彤彤这样，校内校外从不惹是生非的孩子谁不放心呢？也难怪父母的同事们啧啧称赞。

但是彤彤的父母怎么想呢？他们的一颗心其实总是悬着。彤彤的妈妈看到孩子老实、乖巧的一面，她也发现了孩子不良表现的另一面：孩子"老实"得近乎呆笨。十二岁的孩子正是天真活泼的年龄，可在彤彤的脸上很少有愉快的笑容。说她缺乏情绪吧，也不尽然，她经常为一些鸡毛蒜皮的小事，躲在房间里一个人伤心一天。

第2章
巧用方法，唤醒孩子的学习动力

比如说，彤彤喜欢一种巧克力，而每次妈妈买这种糖果时总是先给她，有一次，妈妈先给了哥哥，见此，彤彤立刻跑到房间里独自垂泪去了，气了整整一天，三顿没有吃饭。家人劝了很长时间，她就是不开口，末了说了一句："你们重男轻女，喜欢男孩。"

父母放心不下的还有孩子的身体。彤彤经常闹头痛、胃痛，周身不舒服。到医院检查，一切正常，身上没有什么毛病，吃药只能管一时，却不能从根本上解决问题。

一个邻居的孩子是心理专业的大学毕业生，他一直十分喜爱这个文静的小女孩。接触时间长了，他就提醒彤彤的父母：孩子会不会是有心理问题？经咨询和检查，果真如此，彤彤存在儿童抑郁的心理问题。虽然程度不严重，但若不及早矫正，极可能形成"儿童抑郁症"。

不良情绪是孩子学习上的大敌之一，如果自己的孩子有这类情绪倾向，父母应引起重视，应及早发现并及时加以治疗。

对于如彬彬这类情绪适应不良的问题，最关键的是减少对孩子情绪适应不良行为的过分关注。当孩子出现这类行为时，老师、家长装着视而不见，听而不闻；一旦孩子停止这类行为时，则要给予必要的关心与引导，以免孩子由于缺乏家庭温暖而导致其他心理问题。

对于如彤彤这类孩子的抑郁情绪问题，最重要的是引导她走到伙伴中间去。具体做法是：

1. 让孩子从交往中得到乐趣。开始，可以让孩子看看其他小朋友的玩乐；在玩乐气氛的感染下，鼓励孩子参与玩乐之中。经常体验到交往之乐，抑郁情绪自然而然就逐渐消除。

2.给孩子以心理的支持,包括情感的支持。父母应该给予孩子较多的关注,使孩子意识到有很多人在关心他、爱护他,不管发生什么情况,都有很多人与他在一起;父母还应该使孩子建立自信心,让孩子感受到"我能行",相信自己能够做好想做的事情。

3.让孩子主动帮助他人。父母应该尽量创造一些机会让孩子帮助自己,例如,妈妈洗衣服,让孩子帮助拿衣服架子,帮助洗一些小物件;爸爸工作,让孩子帮助做一些力所能及的事情。先从帮助家里人开始,逐步过渡到帮助小伙伴,帮助残疾人,帮助远方受灾的人。在帮助别人的过程中,理解别人;在帮助别人的过程中,改善心情;在帮助别人的同时,也使自己融入大众之中,抑郁情绪自然而然也就消除了。

孩子消除了不良情绪,其心理自然也就正常起来。这样也就能够很好地对待周围的事物,不致对学习产生负面影响。

帮孩子克服学习感知困难

老师在语文课上不时发现这样的情况:在让孩子听写"补衣服"的"补",不少孩子错写成"补"。

"b",老师拿着卡片请孩子读汉语拼音,可孩子却读成"d";老师拿出"d",让再读一遍,孩子读成了"b"。

在数学课上,让孩子做作业解题:

(1)比8多7的数是多少?

(2) 15 比 7 多多少？

路路很快得出答案：第一题，比 8 多 7 的数是 15；第二题，15 比 7 多 22。

"b""d"不分；见到"多"就用加法，因而，把"是多少"与"多多少"搅在一起。

这种情况，在幼儿园和小学都是常见的。再细细检查这些孩子，他们的视力都很正常，说明他们对这些字母、数字、文字都是看得很清楚的。

既然明明"看得见"，却"分不清"，属于什么问题呢？

不少家长会简单地断言"粗心大意"。可当我们对这些孩子的行为进行剖析的时候，发觉问题并不是这么简单。

有的心理学家做过试验，请老师、家长在识字、听写、计算之前，一再提醒同学们细心看清楚，再做练习。结果发现，有的孩子"分不清"的现象明显减少，可有的孩子就是"屡教不改"。

这类孩子的问题是低年龄儿童心理发展的常见特征。随着年龄的增长，自制力的增强，这些正常的"问题"，便将逐渐纠正。父母们不用担心孩子存在什么问题。

如果经再三提醒，"分不清"现象改善不明显，这类孩子的问题有可能是一种心理问题——感知问题。这就需要引起父母的重视了。

智力发育低于正常的儿童一般都会出现学习中的感知问题。这些儿童只占人群的 3% 左右，大多数由于遗传及脑损伤、病毒感染等病理变化所致。

而另一些有感知问题的儿童，则是属于智力正常的孩子。他们的感知问题主要是由以下原因导致的：

1. 情感因素。有的孩子由于多次发生"分不清"的错误，在学习中屡受挫折，所以产生畏惧情绪；渐渐加深的畏惧情绪引起感知机能的抑制，或者引起感知的不稳定性，进而出现感知问题。

2. 自我意识因素。有的孩子对学习缺乏信心，对自己的能力形成不正确的估计，消极的自我意识导致消极的心理状态。

3. 社会适应因素。有的孩子对学校环境的不适应，对班级生活的不适应，也会造成学习中的感知问题。

4. 视觉运动整合能力发展因素。对单一的信息、简单的信息，感知不甚困难；但在整合、处理复杂信息时，经常出现问题。一位10岁的女孩，其母孕期患妊娠高血压，分娩时用吸引器助产。女孩神经系统未受明显影响，仅有轻度共济失调，也无其他明显智能障碍。经视觉整合能力测验，发现该女孩视觉整合能力仅相当于7岁10个月孩子的水平。视觉整合能力发育滞后，是这个女孩形成感知问题的主要原因。

对于孩子学习中感知问题的治疗，重要的是"对症下药"。

如果孩子的感知问题是由于畏难情绪所致，那么父母应着重帮助他们克服畏难情绪，多采用及时强化法。对他们的每一点成功及时给予奖赏，增强孩子的自信心。

如果孩子的感知问题是由于视觉整合能力发育迟滞所致，则需要加强视觉整合训练。父母可让孩子反复辨认细微的数字、文字、字母及空间的差异，包括大小差异、多少差异、位置差异、结构差异、形状差异等等。让孩子经常进行左右手、左手右腿、左腿右手等左右肢协调动作的练习，促进大脑整合功能的提高。让孩子多进行一些身体平衡等方面的训练也有助于大脑整合功能的发育。大脑整合功能发育的同时，视觉整合功能相应增强，视觉整合问题也就会逐渐得到治疗。

对于缺乏自信的孩子和不能正确评价自己的孩子，要引导他们看到自己的潜能，看到自己的进步。

如果孩子的感知问题是由于学校、班级适应不良造成的，在改善学习环境、学习条件的同时，父母要锻炼孩子的适应能力，提高孩子的社会适应性。

帮孩子克服学习思维困难

我们常听到有的父母说自己的孩子脑瓜不开窍。虽然这有时只是父母望子成龙心切，错把孩子反应迟钝当成脑瓜不开窍来责备，但有的孩子确实是真的脑瓜不开窍。

一道数学题，老师课堂上讲过，父母又讲给他听，可做起来就是错误百出。

一篇作文，题目是"我最尊敬的人"，老师反复强调要注意"最尊敬"三个字，可他写的却是邻居家的小妹妹，老师给他的作文打了个零分，他还在心里责怪老师蛮不讲理。

我们在这里所说的不开窍，其实是一系列思维的问题。换句话说,"不开窍"的孩子往往存在思维方面的问题,这种问题在学习上并非少见。

脑瓜不开窍的症结在哪里呢?

1. 抽象概括能力差。抽象概括能力差主要表现为对于现实事物和现象的判断以直接表象为依据。例如,在进行分类实验时,他们认为猫和鸟也不能分在一类,因为"猫生活在这里,不会飞",而"鸟生活在树林里,会飞"。羊和狼不能分在一类,因为"羊和狼是敌对的……狼会吃小羊"。这表明,他们在进行抽象概括的时候所依据的是事物具体的、局部的和表面的特点,而没有掌握"动物"这个内在的、本质的特点,因而出现了分类上的根本错误。

2. 思维逻辑性差。在进行判断和推理时,在思维的逻辑进程或逻辑结构上表现混乱。常见的有以下几种形式:

语词新作:自创文字、符号和图形。

逻辑倒错:推理缺乏逻辑性,或是无前提或是因果倒置。

思维破裂:语言缺乏联系,令人难以理解。

思维不连贯:杂乱无章,断断续续。

3. 缺乏思维的独立性。经常是人云亦云,总怀疑自己是错的,有问题、遇矛盾时依赖别人解决。

4. 缺乏思维的灵活性。思维固着、刻板,不能够根据变化了的情况采取相应的对策。老师讲的例题他能做出来,稍微变换一下条件,他仍只会按例题的办法去做,这样做当然只能是错的。

5. 缺乏思维的敏捷性,表现为思维迟钝、联想缓慢、表述吃力。别人用1分钟便能解决的问题,他可能要用10分钟,甚至50分钟。普通的课堂提问，已经有三个同学回答出来了，他还在那里冥思苦想。

6.缺乏思维的深刻性。思维表面化，不能把握事物的本质、含义。例如，把"一毛不拔"理解为"一根毛不肯拔"。

需要说明的是，思维问题是相对于一定年龄而言的。婴幼儿，包括小学低年级的孩子，在分类时不能将羊和狼归为一类；在解释词义时，把"一毛不拔"理解为"一根毛不肯拔"，都属于正常现象，因为这个年龄段的孩子思维发展只能达到这种水平。但是，如果小学高年级的孩子、初中孩子仍然处于幼儿的思维水平，肯定就存在思维问题。俗话说的"不开窍"，便是指的这种情况。

如果父母发现自己的孩子存在思维困难问题，那么就应从以下方面进行清查，并有针对性地加以纠正和治疗。

1.是否受到有害物质的刺激。有些问题主要是对人脑、人体有害的化学物质所致。有些地方污染比较严重，孩子不知不觉受到侵袭，后果起初表现不明显，没能引起家长的注意，但当思维问题出现之后，矫治起来就比较棘手了。因此，家长应当注意不要让孩子到污染严重的地方玩耍。

2.是否存在脑部损伤。如果孩子早期生病或者被击打、摔碰而使脑部受到伤害，那么可能导致学习思维困难。伤害可能当时并没有出现严重症状，但是在潜伏期留下了后遗症。到了一定阶段，比如学习特别紧张、学习负担特别重、学习压力特别大，他们脑负荷超载，潜在的问题就会表现出来。如果属于这种情况，父母就应及早到专家那里会诊治疗。

3. 是否受到不良情绪的影响。有的孩子学习时脑瓜不开窍，可能与情绪有关，而孩子的情绪问题又与家长教育有关。心理学工作者做过许多比较性实验，挑选一批有情绪问题的孩子，对他们进行思维效率的测试；然后，运用心理矫正的方法，解除这些孩子的情绪问题，使他们的情绪明显好转，再进行同样难度的思维效率测试，结果证实：在情绪转变之后，思维效率大幅度提高。如果孩子不开窍属于情绪问题所致，那么父母应改变教育方式。

4. 是否存在思维习惯不好的问题。有的孩子思考问题没有耐心，分析问题不细心，思维缺乏条理性，不愿深入探索，诸如此类不良的思维习惯必然抑制思维潜能的发挥。在这样的情况下，即便是天资较好的孩子，也可能变得"不开窍"。因此，父母应该重视从小培养孩子良好的思维习惯。

5. 是否存在消极的暗示。有些孩子在学习某些内容的时候，由于开始不太适应，学习很吃力，经常出现错误，父母不了解情况，一个劲儿地批评孩子，经常骂孩子"笨蛋"。在以后的学习过程中，孩子遇到难题解决不了，会认为家长骂得对，也许自己真的是"笨蛋"。渐渐地，他们就不再努力，自暴自弃，最终成了真正的"笨蛋"。

心理学家指出，不管是生理的、病理的、情绪的、习惯的还是不良暗示等原因造成的思维问题，都是可以逐步改善治疗的。通过持之以恒的教育与训练，使孩子逐步树立自信心，孩子们的思维水平将逐步得到提高。

帮孩子克服学习理解困难

作业、答题正确与否反映了孩子对知识的理解，反映了思维的水平。理解有多种情况：一是真正地理解，本质地理解；二是表面上理解，本质却不理解；三是模糊地理解，实际也不是很理解。后两种情况，在小孩子中颇为常见。

例如，学过"祖国"一词，他们能用"祖国"造句、说话，但当问他们"日本的小孩子的祖国是哪里？"有的孩子回答是"美国""英国"，还有的回答是"中国"。这表明他们对"祖国"一词的本质含义没有理解。

小孩子在学习过程中，常存在以下几方面的理解问题：

1.知识理解混乱。学习某种知识，孩子不自觉地将现在学的知识与以前学的知识搅和起来，视二者为一。

比如，学习"溃不成军"这个成语，儿童很容易想到"溃散""打败仗"，这些知识在脑中缠绕成团。你叫他们形容敌人的大部队被我军打败、狼狈逃窜的情景，他们便能正确用上"溃不成军"的成语。可是，当他们作文中写敌方三个特工人员被我军打跑的情形，却写成"这三个敌人被我军打得溃不成军"。可见，他们对"溃不成军"并没真正理解。

2.消极的思维定式。思维定式是指由于先前的活动而造成的一种心理准备状态。这使人以比较固定的思路去认识事物，从而容易走向死胡同。

比如，孩子学了"求比一个数多几的数用加法"这部分知识，思维易形成"多"和"加"相联系的定式。遇到"求8比2多多少"这类题目，他们可能用"8+2"去做。

3.表象的概括。表象的概括仅揭示事物外部联系、外部特点；抽象的概括方能把握事物的本质和规律。小学儿童经常运用的是表象的概括，从而出现许多概括错误的问题。

心理学家曾用画有"人""马""车""虎"的图在儿童中做实验，要求儿童取出一张和其他三张不属于一类的图画。结果发现，小学儿童有不少能正确取出"车"，但即使挑出"车"的，他们的根据却是"人、马、虎，都有头，有身子，有脚。车没有"。很显然，他们的概括停留于表象概括的水平。

4.直接的理解。直接的理解是不经过间接的思想过程直接实现的理解。小学的有些知识通过直接理解即可掌握，因而处于低层次理解水平的儿童也能做对作业、答对问题。

比如，他们通过经验，能较快理解"水"有液态的、固态的、气态的。固态的水是冰，液态的水即平时见到的自来水，气态的像平时见到的蒸汽。完成与此有关的作业，他们回答得很正确。可是，你若问"地上的水和空中的雨有什么关系？"他们很可能就回答不出来了。因为前者只要求直接理解，而后者要求间接理解。

那么，怎样才能洞察孩子的作业、答题"正确"后面的"错误"呢？可通过下面的方法：

1.变式提问法。变式就是围绕一个中心变换各种形式，使本质特征保持不变，非本质特征经常变化。

如，孩子学了"果实"一词，如果孩子认为"只有能生吃的才是果实"，这就说明他的理解是错的。可以问他："苹果是不是果实？""棉籽是不是果实？……花生是不是果实？"这样孩子就知道了果实的本质，并非只有能吃的才是果实。

2.深究理由法。孩子做对作业、答对问题，不仅要他说出为什么这样做、这样回答，还要他说出自己是如何思考的。如果只是做对、答对而不能说出理由，可能是表面地理解、模糊地理解。如果不能说出自己的思路，则反映出自我检查的思维能力还比较缺乏。

3.故设矛盾法。孩子做对作业、答对题目之后，不要急于表态，可以故设矛盾："你为什么不那样做呢？""那样做是否也可以呢？"真正掌握知识的孩子不会被矛盾所干扰；没有真正理解知识的孩子则可能不知所措，为矛盾所左右。

4.生活情境测试法。对孩子学习的内容，不从作业或答题中去看，而是结合生活实际的某些相关现象让他们来分析，以测试他们的理解程度是否深刻，抽象概括能力发展得怎样，是否经常受定式的影响等等。

通过这些办法，可以很好地帮孩子克服学习上的理解困难问题，从而更好地学习。

从厌学到好学,从好学到学霸
——如何让孩子爱上学习

用"成功体验"培养孩子学习的自信心

在美国两所学校进行了一次调查,一所学校的孩子学习认真、成绩优良,大部分孩子都考上了中学;而另一所学校的孩子经常出问题,大部分毕业生都"光顾"过少年管教所。为什么会出现后一种情况呢?原来孩子们认为自己经常受到训斥,今后还会受到训斥,反正早晚要进少年管教所。也就是说,抛开能力和性格的因素,孩子不学好主要是因为"反正会怎么怎么样"的"失败体验"。作为父母,为了根治孩子厌学,重要的是如何帮助孩子从"我不行"的失败体验的泥潭中走出来,培养孩子"我能行"的成功体验。因为"我能行",才会爱学习。

常常听人说,无论一名专业棒球投手的经验多么丰富,季度比赛首场"领先"胜过任何灵丹妙药,只要有了"领先"的"成功体验",其后无论击球手如何击打,投手的投球都会让人刮目相看。因为"成功"的体验使投手的精神面貌发生了180°的转变。

"成功体验"可以说是培养孩子自信心的不二法门。厌学的孩子往往很自卑,常常觉得自己什么都不行,所以一旦出现了突破口,让他们有了"成功体验",他们对学习的态度就会改观。

诀窍一　让孩子做一道以前会做的题

当父母问孩子"这道题你会不会",孩子说"不会",当父母又问

"这个公式你懂不懂",孩子回答"不懂"的时候,没有一个家长不焦急万分,希望孩子把"不会""不懂"的问题全都"弄会""弄懂"。家长们的这种心情是可以理解的,然而这种做法却加强了孩子"不会""不懂"的感觉,让孩子越来越没有自信,这样一来就会导致恶性循环。需要想办法从某个地方入手,打破恶性循环的链接。例如,在孩子不注意的情况下,偷偷从不久前才做过的题当中,找出孩子最有把握做出的题让孩子去做。这些题既可以是一学期前学过的完全掌握的东西,也可以是一年前记住的东西。孩子通过做这些题在不知不觉中体会到"会"的感觉,有一种获得成功的快感,并通过"成功体验"来恢复自信,同时还可以加强自以为完全掌握而实际没有掌握的薄弱之处,打败学习路上的拦路虎。

有一个小学教师,他出题考孩子光是打分就打个没完。他针对每个孩子做错的地方反复去考,直到孩子取得满分为止。哪怕是对最差的孩子他也十分耐心,直到孩子得了满分,他才会放他们回家。如果问孩子讨厌不讨厌这种方式,孩子们回答这种方式能让他们有成功的感觉,回家时心情舒畅。

这个老师的做法实在是发人深省。学习不好的孩子得了 100 分,这 100 分给了他们成功的体验。

诀窍二 把学习集中到一门功课上

把从某种体验得到的心情向后延,甚至扩散到其他体验,这在心理学上叫"泛化"。成功体验之所以具有治疗厌学的效果,这是因为我们可以看到这样一种现象,即,一个孩子哪怕只在一门功课上成绩出众,他的自信也会"泛化"到其他功课中去。因此我们有理由相信，在某一特定的时间里让孩子放弃别的功课，全力以赴学习一门功课一定会产生好的效果。如果他哪一门功课测验取得了 100 分，那么他从"满分体验"获得的好心情也会"泛化"到其他的功课中去，从而进一步燃起孩子的学习热情。这就是所谓"一点突破，全面开花"的构想。此外，这种方法还有一个优点，它可以让孩子自己有这样一种预想："既然在这门功课上花力气会取得好成绩，那么在其他功课上花同样力气的话，想必也能取得好成绩。"

诀窍三　让孩子感受学习之外的成功喜悦

当高尔夫选手尾崎打算由专业垒球选手改行做专业高尔夫球选手时，下决心 3 年内通过专业考试，3 年内不去见家人，并决心戒掉烟酒，这一切他都做到了。戒掉烟酒还好说，可对刚刚做爸爸的尾崎选手来说，和家人分开是一件多么痛苦的事情啊！然而尾崎选手始终信守他的誓言，并实现了自己的愿望。尾崎说过一句话："如此痛苦的事我都能做到，还有什么做不到的呢？！"这是一种自信。如果说是什么使尾崎活跃在今天的球场上的话，便是这种自信。

无论做什么事，3 年很难坚持下来。但是如果 3 天的话，谁都不会觉得难。能不能让孩子尝试 3 天不去做他最喜欢的事，比如说不看漫画呢？孩子能坚持 3 天，是一件好事。"瞧瞧，只要做哪能做不到呢？"如果父母让孩子亲身体会并确信自己"能做到"，那么孩子就一定会变得自信。这种自信是可以转移到孩子的学习上去的。

< 第3章 >

换位思考，
特别关心孩子的学习

从厌学到好学，从好学到学霸
——如何让孩子爱上学习

了解孩子的学习状况

了解孩子们的学习状况是需要父母们经常做的一项工作。虽然父母们通过定期拜访老师或询问自己的孩子以及同学的方式进行一般性的了解工作，但仍然有对孩子学习情况不甚了解的感觉，这是为什么呢？

孩子一般的学习状况，包括掌握基础知识和解决问题的基本能力两方面。仅仅通过成绩，并不能具体地把握孩子在这两方面的实际水平。随着教育科学的发展，孩子解决问题的基本能力，在素质考核上占有越来越重要的位置，因此父母在了解孩子学习情况时不但要对其基础知识的掌握情况加以调查，而且更需了解其综合能力。

从教学的实践角度看，不论哪一科，老师留的作业或试题都包括一般题目（检查基础知识）、难度较大的题目（重在检查运用知识的能力）等内容。

语文、政治、外语等学科，还包括课内知识部分和课外知识部分（阅读、分析、写作等）。通常情况下，知识部分与能力部分的比例是：前者占20%～40%，后者占60%～80%。了解这些情况，并在此基础上进一步深入比较每学科中各部分知识之间、各种能力之间的水平差异，就是了解孩子学习状况的基本方法。

此外，比较各学科的成绩是考查孩子知识结构是否协调和平衡的重要手段，它有利于纠正孩子可能存在的偏科现象。

教孩子掌握合理的学习方法

调查研究显示，在影响中小学孩子学习情绪的二十个因素中，学习方法处在第三位，学习优秀生与后进生在学习方法上的差异非常明显。国外的研究也发现，超常儿童和年龄较大儿童在学习能力和学业成绩方面之所以优于其他儿童，主要是由于他们更善于运用各种学习方法，更善于调节、控制自己的心理状态和学习活动，并能及时发现和纠正自己不正确的学习方法。由此看出，掌握正确的学习方法，不仅能提高学习效率，获得事半功倍的效果，而且还有助于学习潜能的发挥和学习能力的提高。

达尔文说：一切知识中最有价值的是关于方法的知识。

学习得法，则事半功倍；学习不得法，则事倍功半。希望每个孩子都能做个既讲究方法，又勤奋努力的学习成功者。在此，我们简单介绍几种常用的学习方法。

1. 制订合理的学习计划

凡事预则立，不预则废。恩格斯说："没有计划的学习，简直是荒唐。"教育学家们一致认为先进孩子和后进孩子的差异，重要的一点是先进孩子都有比较明确具体的学习计划，而后进孩子大多是学到哪里算哪里，或教师指向哪里自己就到哪里，或教师指向哪里，自己也到不了那里，自己又管不住自己，每天在无所事事中度过。因此每个孩子在开学伊始，必须制订自己的学习计划。

2. 科学预习

所谓科学预习就是要在巩固旧有知识的基础上，积极探索新知识，发现疑问，以做到心中有数，为进行新一轮的学习而进行准备。预习的最大好处是有助于形成学习的良性循环。预习使孩子变得积极主动，只有站在主动位置上的人才容易打胜仗。可见，只要抓住了预习，就抓住了提高的关键。

3. 专心听课

听课对孩子来说，其基本任务是在教师的指导下学习知识，发展智力，提高能力。无数事实表明，在中学阶段，孩子的大部分知识和能力都是在课堂学习中学到和培养起来的。因此，我们要想提高学习效率，就必须认真对待课堂学习并学会听课。

4. 学会自己留作业

作业内容因人而异，作业量有时也因人而异，特别是孩子毕业前的那一年，自己有了较好的习惯，一部分同学基础已较牢固，就没有必要非写教师布置的作业，而应根据自己的情况，自己给自己布置作业。

5. 及时复习

复习贵在及时。这是由"先快后慢"的遗忘规律所决定的。很多时候孩子常出现的情况是：课上听课，课下做作业，复习环节省略。这样致使所学的知识的系统性、完整性受到破坏，时间一长所学知识就会模糊、忘却，不系统，不理解的知识是最容易忘记的知识。因此，我们必须重视复习。

6. 从容考试

考试是孩子学习的基本环节之一,它是对学习效果的检查和评价,可以起反馈作用。切记,考试前不宜过度熬夜。

学习方法的掌握,如同知识的获得一样,有一个从无到有、从少到多、从不会到会的发展过程。开始,在很大程度上要靠教师在教授知识的过程中,主动明确指点。诸如怎样发言答问,怎样执笔写字,怎样拼读音节,怎样观察插图,怎样识记字形理解字义,怎样读词读句,怎样组词造句,怎样说完整的话,等等。

教师不单要对初入学的孩子事先指导,对中高年级那些已经掌握了一些知识和学习方法的孩子,在进入较难的学习内容时,也需要事先指导。如运用中心句概括段意的方法;连接段意概括文章主要内容的方法;在概括文章主要内容,分析作者写作目的的基础上归纳中心思想的方法等等,都要在第一次接触这些方法时由教师事先指导。

每个孩子知识的基础、个性的发展、大脑的发育都不尽相同,应当鼓励孩子根据自身的特点,寻求适合自己的学习方法。

学有规律而无定法,符合孩子个性特点的学习方法,往往是孩子在实践中自我探索的。有的孩子学习效果之所以特别好,除勤奋刻苦外,就是因为他创造了适合自身特点、行之有效的学习方法。自己创造和发现的学习方法,比老师教给的学习方法管用得多。

从厌学到好学，从好学到学霸
——如何让孩子爱上学习

让孩子专心学习

学习专注是所有学者的共同特征。每个孩子的头脑里都有着专注的成分，只不过由于引导方面的差异才导致了在这方面的后天差距。

孩子可能对许多事都有兴趣，但往往很难专注于某事——未能够全身心地投入进去，往往只在目标的外围徘徊，很难取得好效果。

法国大作家巴尔扎克一次写作时朋友来访，他很长时间也没有发现。中午仆人送来饭菜，客人以为是给自己送的，就把饭菜吃了，后来客人发现巴尔扎克还是那么忙就走了。天黑了，巴尔扎克觉得该吃午饭了，就来端碗端盘。看到饭菜已被吃光，他责备自己"真是个饭桶，吃完还要吃！"

法国昆虫学家法布尔为了解蚂蚁的生活习惯，曾连续几小时趴在潮湿、肮脏的地面上，用放大镜观察蚂蚁搬运死苍蝇的活动。当时周围有许多人围观议论，他竟毫不理会。

大文学家罗曼·罗兰有一次去会见著名雕塑家罗丹并参观他的工作室，欣赏他刚完成的作品。可是来到塑像前，罗丹突然发现还有几处地方不满意，于是拿起凿子就修改起来，口中念念有词，仿佛那座雕像是他的朋友。两个小时后修改完毕，罗丹满意地瞧了自己的作品一会儿，然后大摇大摆地离去，差点把他的朋友锁在屋里。

第3章
换位思考，特别关心孩子的学习

事实证明，专心可以集中精力，调动整个大脑神经系统来解决问题，高效率地完成任务；分心就会降低学习效率，甚至对本来可以弄懂的问题感到迷茫。

无独有偶，我国伟大的地质学家李四光也曾有过类似的笑话。据他的女儿回忆，有一天，时间已很晚了，李四光还没有回家。女儿来叫他回家吃饭，谁知他却一边专心地工作，一边亲切地说："小姑娘，这么晚了还不回家，你妈妈不着急吗？"等到女儿再次喊"爸爸，妈妈让你回家吃晚饭了"时，他一抬头，不由得笑了，小姑娘不是别人，正是他自己的宝贝女儿。

我国的数学家陈景润一边走路，一边想他的数学问题，不知不觉中和什么东西撞上了，他连声说"对不起"，却没听到对方反应，抬头一看，原来是棵大树。

为什么这些大科学家会发生这样的事呢？原因很简单。因为他们一心想着自己热爱的科学上的问题，对他们所思考的科学问题反应清晰，对于这些问题之外的事情一点也没考虑，没有在意。这就是他们闹笑话的原因。

只有聚精会神地学习，孩子才能取得成功，而孩子能否集中精力则与父母的教育、教育的态度和方法分不开的，正所谓成功孩子的背后总会站着伟大的父母。

因此，要想提高孩子的学习成绩，培养和开发他们的智力，第一步就要注意培养和训练他们的注意力，养成专心致志的习惯。要不然，其他的训练只能是事倍功半，甚至徒劳无功。

注意力集中对任何一种劳动，尤其是脑力劳动具有很大的意义。能做到注意力集中的孩子，不但完成作业比较快，而且完成得比较好，效率高。那些马马虎虎、粗枝大叶的孩子主要是因为注意力不够集中，没能仔细地看准习题的要求和提供的条件。而且，善于集中注意力的孩子学习起来比较省劲，效果比较好，也因此有更多的时间来休息和娱乐。在小学阶段，低年级的孩子学习知识并不是最重要的，重要的是养成良好的学习习惯，而稳定持久的注意力是学习习惯中最重要的一方面。老师总要求一年级的孩子坐姿端正，目的就是训练他们集中注意力，那些坐姿懒懒散散、东倒西歪的孩子显然不可能专心致志地听课。

孩子学习的最大"敌人"就是注意力涣散。有的孩子在完成作业时，脑海里想到的是电视机里正在播放他们最感兴趣的动画片。有的孩子做作业时，无意识地东张西望，心猿意马，摆摆这，触触那；有的甚至是一边看电视，一边做作业。很多父母向老师抱怨，孩子只需十分钟完成的作业两个小时还完成不了。

孩子的书桌上除了文具和书籍外，不应摆放其他物品，以免分散他的注意力，抽屉柜子最好上锁，免得他随时都可能打开，在没完成作业的情况下去清理抽屉。书桌前方除了张贴与学习有关的如地图、公式、拼音表格外，不应张贴其他吸引孩子注意力的东西。女孩的书桌上也不应放置镜子，这会使她有时间顾影"自美"或"自怜"。更不能允许孩子一边看电视，一边做作业。

父母应要求孩子在规定的时间内完成作业。如果作业太多，可以分段完成。有的父母因为孩子的注意力不够集中而在旁边"站岗",这不是长久的办法,因为长期这样,会使孩子产生依赖心理。此外,孩子的注意力跟孩子情绪有很大关系,因此父母应该创造一个平和、安宁、温馨的学习环境。声音嘈杂的环境,杂乱无章的屋子,不正常的家庭生活,都严重地影响着孩子注意力。

同时,父母应该了解,能否集中注意力也与孩子的年龄有关。研究表明,注意力稳定的时间分别为:5～10岁孩子是20分钟,10～12岁孩子是25分钟,12岁以上孩子是30分钟。因此,如果想让10岁的孩子60分钟坐在那里去专注地完成作业几乎是不可能的。

有些父母说:"我的孩子做事效率低,做作业动作慢,一边写一边玩。"父母要注意培养孩子在某一时间内做好一件事的能力。对于家庭作业完成的进度父母要帮他们安排一下,做完一门功课一定要让他们休息一会儿,不要让孩子太疲劳。有些父母觉得孩子动作慢,不允许孩子休息,还唠叨没完,使他们产生抵触心理,效果反而不好。

有些父母对孩子不放心,一件事总要反复讲几遍,这样孩子就习惯于一件事反复听好几遍。当老师只讲一遍时,他似乎没听见或没听清,这样漫不经心地听课常使得孩子不能很好地理解老师讲的内容,无法遵守老师的要求,自然也就谈不上取得好的学习效果。因此,父母对孩子交代事情时只讲一遍,也是培养孩子注意力的一种方法。

"听"是人们获得信息、丰富知识的重要来源。会听讲对孩子来说是相当重要的,因为老师多半是以讲解的形式向孩子传授知识。父母可以通过听来训练孩子的注意力,比如父母可以让孩子听音乐、听小说，鼓励孩子用自己的话来描述听到的内容，从而培养专心听讲的好习惯。

让孩子主动学习

一位母亲从市场上买回来一个菠萝，好奇的孩子被这个从未见过的东西吸引住了，这位母亲可能会用两种方式对待好奇的孩子。

一种方式是：母亲告诉孩子"这是菠萝，是可以吃的，它的外面是很硬、很尖的刺，不能去摸它！它很重，你提不动它，但是它是圆的，你可以滚动它。你闻一闻，它是不是很香啊？现在我们把它拿到厨房去切开它，切好后用盐水泡一泡，它吃起来就又香又甜了。"

另一种方式是：母亲告诉孩子"这是菠萝"，然后就把菠萝放在孩子面前的地板上，自己先去把买回来的其他东西处理好。好奇的孩子一定会对这个菠萝"采取行动"，比如他可能伸手摸了一下菠萝，赶紧又把手缩了回来，并且对着妈妈喊：

"妈妈，这个菠萝很扎手，我被它扎了一下。"

妈妈回应说："是的，菠萝有刺，会扎手，但不要紧的。"

于是孩子又尝试抓起菠萝的叶子，把它拎了起来，可是菠萝很重，孩子很快就把它放下了，"妈妈，这个菠萝很重，我拎不动它。""是的，菠萝很重。" 孩子可能又尝试着滚动菠萝，结果真的把它滚动了，他高兴极了："妈妈，我把菠萝滚动了。"

妈妈也很高兴："你真能干！"

"妈妈,我闻到一股香香的气味,菠萝是不是可以吃的?"

"对,孩子,菠萝是一种水果,是可以吃的。"

"怎样吃呀?"

"把皮削掉,一片一片切开,用盐水泡一泡,就可以吃了。"

"让我试一试……真好吃!"

这两种方式,你主张哪一种?你常用的是哪一种?它们有什么区别,会产生不同的效果吗?

我们不妨来分析一下:第一种方式,孩子很快就学会了,菠萝是多刺的,是很重的,是可以滚动的,是很香的,是要泡了盐水才可以吃的。这是妈妈直接告诉他的,不是孩子自己发现的。将来妈妈又带回来一件新奇的东西,孩子也可能会像这次那样等着妈妈告诉他关于这个东西的知识。

第二种方式,孩子最终也明白了,菠萝是多刺的,会扎手,菠萝是很重的;菠萝可以滚动,因为它是圆的;它闻起来很香,切开来是金黄色的,泡过盐水再吃又香又甜。这一切都是孩子通过自己的尝试发现的。孩子不仅懂得了菠萝的特性,他还学到了认识菠萝的方法,你可以摸它,可以拎它,滚动它,闻它,切开它,品尝它。

下一次妈妈可能带回了一只螃蟹,孩子当然又会尝试去摸它,可是很快被螃蟹夹了一下,于是孩子知道了,这个东西跟菠萝不一样,它会夹人。妈妈可能建议说"你可以用筷子来动一动它,这样就不会被咬了",于是孩子自己试着用筷子翻动螃蟹,他会发现螃蟹的许多有趣之处。

再下一次，妈妈可能买回来玻璃制品，孩子可能又会用他用过的方法来探索它，摸它，滚它，结果它可能掉到地上碎了，于是孩子又明白了，菠萝、螃蟹、玻璃制品，这些都是性质不一样的东西，要用不一样的方法去认识它们。

两种方法的结果很不一样：第一种方式，孩子很快学到了知识，可是他是被动接受的；第二种方式，孩子也学到了知识，速度比较慢，但是孩子又同时学到了认识事物的方法，还学到了要根据事物的不同性质选择不同认识方法的思维方式，更重要的是，他体会到了主动学习、主动探索的乐趣和成功感，久而久之，孩子就能形成主动学习的习惯。

大部分父母可能都在不自觉中采用了第一种方式对待孩子，这其实就剥夺了孩子自己主动学习的许多机会，对孩子是没有什么好处的。在我们每天的生活中，其实经常都有这种可以让孩子主动学习的机会，关键在于我们是否善于把握。

比如三四岁的孩子，非常喜欢在吃饭的时候帮忙分发筷子，开始的时候他可能一双一双地拿，这双是给爸爸的，再拿一双给妈妈，最后拿一双给自己。心急的母亲可能会对他说："傻孩子，你一次多拿些，一共拿三双，不就不用多跑几趟了？"其实，等待他自己去总结，才能让孩子有机会学习动脑筋思考问题。

他可能要这样来回跑了几个月才想到，每次都做一样的事情，是不是可以合起来做呢？于是他尝试着多拿一些，只是要么多拿了，要么少拿了，这样又过了几个星期，才真正弄明白，每次要拿六只才刚刚好。在这个过程中，孩子学会了自己思考、自己总结、自己解决问题，并且体验到了思考的乐趣。花点时间等待一下孩子，其实是很值得的。

要帮助孩子建立主动学习的习惯，就不要按照你的意愿把孩子的时间安排满，留一些时间让孩子自己安排。如果孩子还小，想不出可以自己安排什么活动，你可以给他多提几个建议让他选择。

父母要多鼓励孩子主动探索，不要提出太多不必要的"不准"。在孩子专心做一件事情的时候，尽可能不要催促他，不要干扰他，更不要跟在身边不断提醒他不可以这样、不可以那样。在孩子解决问题遇到困难时，不要急于帮助他，可以多给他提些建议。父母不要急于把结果告诉孩子，要给孩子充分的时间自己去发现。不要代替孩子做检查作业、收拾书包的工作，也不要整天看着孩子做功课，要让孩子自己去做这些事情。

让孩子安心做功课

孩子进入学校以后，一些父母就开始头痛起来，因为孩子不能安心做功课。有的孩子虽然看似安安静静地坐在那里做功课，但实际上却在神游四方，心不在焉；还有的孩子做功课就像是无休止的长跑，从放学回家一直做到深更半夜，可是作业仍然质量低下，漏洞百出。望子成龙的父母们不能不担忧了。

于是，他们想出种种对策来改变这种现象。比如，采取严加"管教"的方法：不好好完成作业，就不准吃饭，不准睡觉，不准看电视，不准……有的父母索性坐在孩子旁边加以监督，甚至采用体罚手段。然而，事实上，这些措施收效甚微。

那么，怎样才能很好地处理孩子的这种情况呢？这就要求父母根据孩子的心理特点，采取有针对性的方法，而不能急于求成。要注意以下几点：

一是要创造良好的家庭学习气氛。要让孩子安心学习，父母首先自己安下心来，可以读读书，看看报，做一些不出声、不引发孩子发生兴趣的事。为孩子创造一个安静、学习气氛良好的空间，远比坐在孩子身边加以监督有效得多。父母应明白这样的道理：身教重于言教。年幼的孩子还不懂得学习为了什么，他们只会仿效父母，从父母那里知道应该怎样学习。

二是不要跟孩子唠叨。有的父母出于感情交流的需要，不愿让孩子在做作业时感觉被忽略，所以他们总喜欢在孩子做功课时对孩子问这问那。"做几道了？还有几道？"看起来似乎是关心了孩子，其实是不时地干扰孩子，弄得孩子无法集中注意力，思考问题的思路也总是被打断。因此，我们要提醒各位父母注意的是：不要在孩子学习时跟孩子唠唠叨叨。

三是接待客人时要注意不要影响孩子。对于一个家庭，邻居串门，好友来访，这是常有的事。可是有的人话匣子一打开就没完没了，全然忘了还有孩子在做功课。大人聊天最易影响孩子的注意力，孩子的学习肯定会受影响。因此，父母应尽量地安排在不影响孩子学习的地方或孩子的娱乐时间里接待客人。而亲朋好友也最好在孩子的休息日去登门拜访，如果有事急需登门，应把时间安排得紧凑些，以免影响主人家孩子的学习和休息。

孩子做不好功课,不能只从孩子那里找原因,身为父母,也应时时反省自己是否有做得不周的地方,有则改之,无则加勉,尽自己最大的努力为孩子创造一个良好的学习空间。

正确对待孩子的课外学习

许多父母都认为,孩子学的知识越多越好,爱好越广泛越好。因此,许多孩子在课外时间都被迫参加了各种各样兴趣班的学习。每到双休日,满怀期望的父母,带着极不情愿的孩子参加各种课外学习班。父母们着急上火,孩子也苦不堪言。课外学习,给孩子安排得太多也并不一定是一件好事。人的精力都是有限的,大脑也需要调节和休息,谁也不愿意去做自己不愿意做的事。父母在给孩子报课外学习班之前,一定要调查清楚孩子的爱好,根据其爱好来选择课外学习活动。一般一二年级孩子的性格和爱好已有了明显的趋向,是激发孩子自觉、主动参加课外学习的最佳时期。

首先,要明确孩子课外学习的目的。课外学习,要以陶冶情操和学一技之长为主,不要给孩子安排太多学习班,防止分散孩子的精力,造成一瓶不满、半瓶晃荡,加重孩子的负担。儿童阶段正是身心各方面打基础的阶段,也是体质发展的重要时期,如果过早地进行某方面的技能训练,方法不当会加重孩子的负担,可能会影响孩子的全面发展。

其次，要根据孩子自身的特点选择学习班。要用发展的眼光对待孩子，根据其专长来培养其爱好。目前，以特色教育来吸引生源的兴趣班越来越多，例如绘画、体操、奥数等。父母选择这些课外学习班时，要看自己的孩子是否适合发展某方面的特长。孩子要是不具备那份天赋，就不要勉为其难，否则，不仅孩子不能取得成绩，父母也会背上经济负担，得不偿失。

再次，要了解兴趣班的师资水平和教育质量。在选择的时候，要选择那些教师素质高、教育思想正确、方法得当的兴趣班。进行特色教育的同时，注重促进孩子的全面发展应该成为特色兴趣班的基本标准。也有些兴趣班以智力开发或教算术、教作文为特色，实际上是将小学的学习任务下放到兴趣班。如果未到上学年龄，就让孩子接受超前教育，虽然能产生短期效果，但上小学后容易产生厌学、学习兴趣下降的情况，因此父母不要盲目选择这类兴趣班。

第四，兴趣班不要离家太远。孩子上兴趣班学习，一个最大问题是接送问题。如果兴趣班离家太远，不仅使父母为接送孩子耗费了许多精力，也使孩子小小年纪为上、下课而疲于奔波，这对孩子的成长是不利的，时间长了，孩子自然会厌烦。

给孩子"减负"

有些孩子由于会考、摸底考、模拟考等几次考试成绩不理想而闷闷不乐，有时稍不顺心就会发火，甚至没有遇到什么不顺心之事也会产生无名火。这时,父母应及时关心,引导其避开有关考试的问题,根据孩子的兴趣,和孩子一起出去看看花草树木,或上街购物,或下棋打球……这样就可使孩子减轻或忘掉烦恼。

现在,许多孩子小小年纪背着沉重的书包,整天埋首在书本和作业中,童年的快乐少了许多。减负,已开始让孩子逐步从书本多、课程多、作业多、考试多、补习多、竞赛多的过重负担中解放出来;减负,为全面实施素质教育创造条件,为孩子身心健康提供了保障。

但"减负"不仅需要积极的社会大环境,需要学校宽松的小环境,更需要良好的家庭教育环境,父母也要转变观念,为孩子们"减负",替孩子们"松绑"。

在实际"减负"过程中,有两种情况,应该引起父母的注意。

一是家庭加压现象。父母的意识还没有从自己经历的应试教育的阴影中走出,认为孩子就是要抓紧时间、多用精力在课业学习上,以便在激烈的升学竞争中取胜。所以,出现父母给孩子额外增加作业,请家教等情况,造成学校"减小负",家庭"加大负",结果事与愿违。其实,孩子除了学好课本知识外,还应腾出时间积极参加形式多样的课外活动,接触自然,了解社会,开阔眼界,增长见识,不断提高实践能力,培养综合素质。

二是加压的方法问题。父母教育方法不当是造成孩子负担过重的主要原因之一。许多事实证明,父母干预越多,给孩子压得越多,对孩子造成的压力越大,反而难以成才。作为父母要注意培养孩子的学习兴趣,而不是监督逼迫其去学习。其实在孩子们成长过程中,关注学习兴趣的培养,比逼着孩子学习某一点具体知识更重要。缺乏兴趣的学习，负担过重的学习，往往会给孩子们带来新的问题，甚至出现厌学和逆反心理。

因此，让孩子有一个快乐的童年，让孩子身心健康，这才是决定孩子人生道路的基础。

走出阅读误区

阅读其实是一件不限于孩子自己的事情。孩子很小的时候，他们所谓的阅读，主要是在听大人们讲。大人把书买来，看着书，把故事讲给他们听，他们感动、快乐，也受到教育。

孩子三岁以前是让其建立阅读兴趣、阅读习惯的关键期，很多专家都建议孩子阅读要及早开始。如果此阶段的孩子有充分阅读的机会，日后语言及认知能力的发展都会明显比没有阅读习惯的孩子高，且能培养专注力，有助于日后稳定其个性。

虽然孩子阅读兴趣的培养愈早开始愈好，但孩子的理解从具体到抽象都要有一定的过程。这个过程很重要，父母不要心急，不要逼迫孩子，而应让其自然发展。

一些父母对孩子读书寄予过高的期望，期望孩子通过阅读能迅速提高思想觉悟、提高学习成绩、提高修养等。所以，不少父母在读书的问题上特别容易与孩子发生冲突。比如，孩子总喜欢看轻松的卡通漫画，而父母则希望他们看有教育意义的书。谈到读书，父母大多谈的是"教育功能"，谈的是"一本好书能改变人的一生"。但如果我们能冷静地面对现实，我们就会发现，"一本好书能改变人的一生"是一个神话。我们可以想想，是哪一本书使我们成为现在的自己，现在又有哪本书能改变你的孩子的一生呢？现在的孩子生活在一个多元化的信息开放时代，他们面临着比我们当年多得多的媒介选择。除了书，他们可以看电视，玩电脑，听CD或MP3，甚至可以通过网络获得比书多不知多少倍的各种信息。所以，我们要做的第一件事，就是降低对读书的期望值。

读书是孩子的一种娱乐，或者说，读书首先具有娱乐功能。娱乐是孩子成长的需要，没有娱乐活动，孩子就不能得到很好的发展。尤其是现代孩子面临较大的竞争压力，特别需要这种娱乐媒介。一项全国城市儿童调查说明，孩子接触媒介是为了满足娱乐需要，而不是为了接着"上课"。在大多数情况下，书籍是孩子们的娱乐工具之一，孩子不会单纯为了学习而去看书。父母如果硬将其发展为一种单纯的教育工具，那么，孩子对它的态度就会像对待课本一样了。

从媒介中学习是一种伴随性质的学习，即在满足娱乐需要的过程中，无意中学到一些东西，即传统的寓教于乐。虽然无意中学到的东西对孩子很重要，但并不会因为重要就改变了阅读的性质。孩子阅读的意义既然是娱乐、是体验艺术，在这个过程中，当然会发生伴随性质的学习，即接受思想、知识方面的教育。

阅读，除了可以令人快乐、获得知识与信息外，关键是可以启发孩子们的想象力及创造力，培养他们的形象思维能力和文学再创作力。而这种能力对于很多人来说，几乎是必不可少的。

在电视、电脑等电子媒介出现前，人们如果看到一本书，就会在人们的头脑中将书中人物的形象和情节，通过自己的想象在小说的基础上再创作出来。一千个人就有一千种不同的再创作，就像电视剧会有一千个不同的版本一样。而自从有了电视、电脑一类的媒体后，人们的形象思维就被限制住了。比如，一提到曹操、诸葛亮，头脑中必定是电视剧中的形象。

因此，对孩子而言，阅读不但促进其形象思维和再创作力的发展，更是一种学习的媒介之一，学习关怀周围的人和事物，扩展生活经验。比如，童话故事中发挥正义感、善有善报的情节，也可帮孩子树立正确的人生观。

培养孩子阅读习惯的方法

不同年龄段的孩子有不同的识字能力和理解能力，因此，父母要根据孩子的阅读能力来选择书籍。如果孩子特别喜欢阅读，可选择稍微高于孩子实际水平的书籍；相反，如果孩子不喜欢阅读，可以选择略低于孩子实际水平的书籍。

父母要为孩子选择他们喜欢的书籍，那么什么是孩子喜欢的书籍呢？可以根据孩子的下列表现来判断：

- 当孩子走近书柜时，他是否径直走向某个特定的书架
- 他是否懂得到哪里去找科学书籍、小说或诗歌
- 他有没有跟在一两个孩子后面，按别人的选择来选书
- 如果孩子阅读时，看看孩子是否迅速进入了阅读状态，他实际

阅读的时间有多长，是否经常谈论与书有关的内容等。

如果孩子能自己直接找到一本书，不看其他的书，阅读时迅速进入情境，阅读时间又较长，经常与伙伴谈论书的内容，或做有关的游戏，则说明他对这类书感兴趣。

父母还要培养孩子良好的阅读习惯。

第一，爱惜图书。保持图书整洁，不撕书，不折页，鼓励孩子保存看过的图书。

第二，鼓励孩子自己选择读物，和孩子讨论哪些是适合他们看的读物，哪些是他们自己特别感兴趣的读物，并以此为标准推荐读物。如果为孩子订阅报刊，请孩子自己选择。

第三，合理安排时间，父母可为孩子安排专门用于阅读的时间。

第四，定期买书或借书。教会孩子利用图书馆的技能，如图书馆是怎么对图书进行分类的，怎么能找到他最想看的书等。最好能参观一下孩子常去的图书馆，替孩子申请图书证，帮助孩子适应图书馆。教给孩子买书的技能。在孩子小的时候，最好带他到书店走走，体验书店的阅读氛围，增加他挑选图书的体验和乐趣。

第五，鼓励孩子记笔记。随便写什么都可以，写个简单的书名也好，可以培养孩子从阅读中获取一些东西的习惯。

第六，创造好的阅读环境。在家里可以给孩子一个小书架，请孩子安排自己的书。孩子阅读时，尽量保持安静。

第七，应经常与孩子交流，启发孩子带着思考来阅读。与年龄较小的孩子一起阅读和创作（如编故事等），与年龄较大的孩子一起讨论和交流。如果孩子在阅读中提出问题，应尽量回答孩子的问题，同时，在家里最好常备一些少年儿童百科全书类的书籍。当孩子提出问题时，引导孩子从书籍中寻找答案。在启发孩子讨论思想、艺术以及科学等方面的内容时，尽量让孩子发表自己的见解。

第八，应鼓励孩子利用读物。许多介绍社会知识和科普知识的书籍有实用价值，父母要鼓励孩子在生活中利用这些知识。

比如，某出版社出版的《儿童百科全书》，在讲解什么是机器的时候，作者介绍了家里的闹钟、电动剃须刀、自行车等，也介绍了一种令人开心的"傻瓜机器"。这是一种滑稽设计，整个机器运转的目的是叫醒一条酣睡的狗。作者在解释了机器的运转过程后，也请小朋友设计一种更为简单的叫醒狗的机器。

又如，孩子读了地理读物后，在旅游时，可以让孩子来设计旅行路线等。这种知识的利用不仅能增加孩子的阅读兴趣，还能增强孩子的自信心和培养孩子的科学世界观。

给孩子看适合他们的书

如今的孩子究竟最喜欢看哪些书？对于这一问题的答案，或许父母都有兴趣知道。孩子最喜欢看的书籍名列前茅的是：中国经典儿童文学读物、外国经典儿童文学读物及科普读物。

早前，一项关于少年儿童阅读状况的问卷调查是在七百余名孩子及父母中进行的。在孩子组的问卷中，当被问及"最喜欢的图书"时，回答的图书属于外国儿童文学经典的占15%，属于中国儿童文学经典的占 18%，属于科普知识类的占 18%。

父母组的调查问卷结果与孩子组的结果大致相似。调查显示，"父母最喜欢的儿童书籍"也多为中外经典童话、故事及百科知识类。他们所回答的图书属于著名童话、经典故事的占 44%，属于科普读物的占 27%。

父母对各类读物的喜好其实也表明了他们对各类读物的重要性的某种看法，由于父母往往是儿童读物的实际选购者，因此，父母的这种喜好直接影响到孩子的阅读状况，也由此影响了孩子对各类读物的喜好。父母的看法与孩子的喜好虽然未必一一挂钩，但这种密切相关的影响力不容忽视。教育界相关专家提醒父母，应注意避免将自己的看法和趣味强加于孩子。书对孩子来说，不只是书，更是玩具、朋友及跟大人沟通的桥梁。选书时首要考虑以孩子为本位，掌握适龄适读的原则。

就选购书而言，还要考虑下列几个方面：

· 封面印刷清晰优美。

· 装订牢固安全。父母要注意书的安全性，以免孩子在翻书过程中受伤，如立体书图案是否有尖锐的角，纸张裁边是否太锋利会割伤孩子，书的四角是否够圆滑，玩具书的零件是否会脱落或毛屑是否会掉落令孩子过敏等。

· 纸张白度适中不反光，对保护孩子视力较好。

· 字要大点，以便让孩子看清楚。

· 文字流畅。内容语句的重复可与孩子产生互动，剧情简单，令孩子容易对故事留下印象，将故事带进生活。

・动植物主角拟人化。孩子对动物等充满好奇心、接受度高，也能较好地融入故事。

・图文协调，图画能充分表达内文想要表达的东西。

挑选好图书以后，父母还应为孩子营造一个良好的阅读环境，这有助于提高孩子的阅读兴趣。最好的环境是，身边处处有书，让孩子可随处看到、拿到书，孩子兴趣一来，自然就会去阅读。

书要放在孩子随手可拿到的地方，且要有固定的地方让孩子放书，如书柜下面几层。只要不影响起居，即使是餐厅的橱柜也可安排出固定的空间。如孩子有自己的房间或家里有足够的空间，安排一个干净、安静的角落放置书柜或书箱，有充足的光线、舒服的椅垫及小椅子，让孩子觉得那儿就是看书的地方，只要想看书，就会去那儿。

另外，在时间安排上，父母可将孩子的阅读时间固定在睡前。此时，孩子的精力已发泄得差不多了，通常能静下心来看书，且看书有助于安抚情绪，帮助睡眠。

如果孩子精神状态不好或情绪不佳，就不要进行阅读，否则孩子会将不好的情绪与阅读相联结，效果适得其反。

同伴阅读对孩子也很重要，可以产生良性竞争的作用，孩子们会去争相说出自己的感觉。专家指出，因与朋友处于平等位置，故孩子们提出自己意见及想法的企图会较强，会变得比较有批判性，大大提高了阅读质量。同伴阅读的经验除可与兄弟姐妹或亲戚如堂兄姊妹共同建构外，也可跟邻居家的小朋友一起。

学龄前阶段可以说是阅读的黄金时期，幼儿虽不会自己阅读，但会享受其中的乐趣，且有较多时间来阅读。进入学龄以后，孩子独立阅读的能力愈来愈强，但随着课业压力增加，会渐渐脱离课外阅读的阶段。尤其孩子接触、学习的事物越多，兴趣也越广泛，可能会选择别的事物，如看电视、上网，相对而言会剥夺掉一些阅读的机会。

最后要强调的是，父母千万不要罚孩子阅读，相反，阅读可以当作奖赏。有时孩子如果想在睡前看书，但时间太晚，就应禁止他。也可以告诉孩子这段共读时间专属于爸妈和他，变成亲子间的专用时间。适时加以诱导，可让孩子化被动为主动，孩子会更懂得珍惜。

丰富的阅读经验，会使孩子的文字组织及语言表达能力更好，想象力也更丰富。阅读虽然对孩子助益良多，但最重要的是阅读本身所带来的喜悦及满足。它是件快乐的事，只要父母善加引导，书就会成为孩子一辈子的好朋友。

< 第4章 >

防微杜渐，
纠正学习上易出现的毛病

从厌学到好学，从好学到学霸
——如何让孩子爱上学习

孩子不爱去上学怎么办

与一些孩子高高兴兴地去上学相反，一些父母发现，当孩子到了上学的年龄，父母带他们去学校报名上学接受教育时，孩子有惧校反应，上学时不肯进校门，拉住父母不肯放手，哭喊不上学，上课下课哭闹要找父母；不知校规，不懂上课要遵守纪律、专心听讲，课上随便说笑，影响老师讲课、同学听课；不愿写字念书，上课听不懂老师的话，不能记住老师留的作业，写作业时东张西望，或是望着书本不肯动笔，甚至哭哭闹闹不写作业；不懂文明礼貌，对老师不理不睬，甚至向老师发脾气，对同学粗暴蛮横，打人骂人……

凡此种种，我们称之为学习障碍。

学习障碍是指孩子表现在学习活动中的心理障碍。它是由生理的、社会文化的、心理的多种不良因素相互作用给孩子造成的学习上的困难。

学习准备不足是多种学习障碍形成的因素之一。

学习准备包括生理、心理等各方面的准备。学习准备不足是指孩子身体的发育和心理的发展在不适应学校正规学习的情况下就开始了学校的正规学习，因而造成孩子学习困难，导致学习障碍形成。这种情况发生于新入学的小孩子中，而且大多是心理方面的准备不足。

心理准备不足的主要原因有：一方面这些孩子大都是独生子女，平时在祖辈、父辈的百般呵护下娇生惯养，或因过度保护而胆小懦

第4章
防微杜渐,纠正学习上易出现的毛病

弱,怕接触不熟悉的环境和人;或因过度放纵而任性粗蛮,想怎样做就怎样做,以自我为中心;或因缺乏启蒙教育而知识面窄,理解、接受能力差。

孩子上学,对每一个家庭都是一件大事,但许多家长只重视给孩子做上学的物质准备,给他们买漂亮的书包,时髦的文具,却忽视帮助孩子做好上学的心理准备,没有或缺乏对孩子进行遵时守纪、刻苦学习、团结友爱、礼貌诚实等方面的教育。

学校和老师在新生入学后只就事论事地解决孩子的一些表面问题,而没有采取有效措施,从根本上解决学习心理准备不足的问题。家长、老师都认为孩子的种种表现只是暂时现象,时间长了习惯了就没问题了,没有看到心理准备不足给孩子造成的困难会随时间的推移由显性变为隐性,而且很容易改变存在形式长期存留在孩子身上,使他们对学习缺乏兴趣,无法养成良好的学习习惯。久而久之,由于学习成绩不好,失败体验过多而失去自信,导致厌学情绪严重发展。这些因素相互作用,恶性循环,形成学习障碍,不但影响他们一生的学习,严重的还会形成心理疾病。

那么,如何让孩子适应成为小学生的身份转变呢?

孩子上学以后,学习就成了孩子所从事的主要活动和义务,这个时期孩子的学习带有了强制性。

孩子必须学会独立地学习,并且要完成好国家统一规定的义务教育,学习各种基本技能,因此孩子的体力消耗增大了,家长应在孩子入学前锻炼孩子的体魄。

总之,家长应该为孩子入学做好学习的心理准备,主要是帮他们

熟悉学校环境和学习生活；帮助他们了解同学，结识新友；帮助他们明确作为一名孩子自己应做什么，应怎样做；帮助他们养成良好的学习习惯和行为习惯。

开学典礼结束后，父母要鼓励孩子多了解新同学，多结识新朋友，鼓励孩子通过自我介绍和互相介绍，增进相互的了解，熟悉身边的同学，使孩子克服害怕生疏的心理，产生愿意到学校和同学老师一起学习、生活的愿望。这样做可以帮助孩子尽快与新同学们相识。有很多孩子回家后告诉父母结识的新朋友的各方面情况，说得头头是道，哭哭啼啼不愿进校的现象几乎没有了，怯怯懦懦要家长送进教室的也明显减少，新生们手拉手高高兴兴进校门。

父母还要给孩子讲解学校对孩子听课、课下、作业、尊师、团结等方面的要求，然后带孩子认识学校，熟悉环境，让老师的和蔼可亲，新同学的热情友好，给孩子留下深刻印象，使孩子觉得在学校比在幼儿园、比在家都更有意思，解除对新同学、新老师、新环境的陌生感、恐惧感，从而逐渐产生对学校生活的向往。许多家长这样做之后，孩子开学第一天回家后非常高兴，反复叮咛父母明天要早点送他去上学，不能迟到，并告诉父母："我们的学校好，老师好，同学也好。"非常愿意到学校上学，还表示一定好好学习。

除此之外，家长还要有计划地对孩子进行常规训练，细心观察，耐心指导，教导孩子懂得并学会怎样听讲、写作业，怎样休息、守纪律，怎样支配好时间、利用好时间、抓紧时间完成应做的事，怎样整理好自己的东西、做好教室的卫生，怎样与老师同学相处……这些常规训练和良好习惯的培养应尽量减少单纯说教，增强趣味性和实际操作性,用孩子看得见、听得懂的方式进行沟通,针对性越强,实效性越好。

孩子精神不集中怎么办

很多家长反映,他们的孩子上课容易走神。一位教育专家接受了很多家长关于孩子上课精神不集中如何对待的咨询。一位家长对他说,他的孩子在念初中二年级,开学一个月的时候孩子挺用功的,经常晚上11点左右睡觉,早上6点就起来了。劝他晚上早点睡,他说不行,作业太多了做不完,越拖积压越多就更不好办了。

这位家长的孩子当时学习成绩还排在全年级前20名,到期中考试以后孩子感到很疲劳,上课不由自主走神,有时老师问他问题他发愣。由于上课常走神期末考试降到全年级前40名以后,这位家长请教育专家帮他解决孩子的上课走神问题。

孩子上课精神不集中的原因很多,不仅有主观原因,也有客观原因。家长要先找到原因,只有找到了原因才有可能提出正确的解决方法。

从客观方面看,孩子精神不集中的原因有:

1.学习的心理疲劳。孩子承担过重的学习负担,心理压力很大,长此以往,产生了学习的心理疲劳。孩子注意力涣散,记忆力下降,反应迟钝,精力不足,甚至产生厌烦学习的情绪,在这种心态下,孩子上课常走神,自然影响学习效果。

2. 被突发事件吸引，造成情绪波动。上课前或者因上课的时候被突发事件吸引了，造成情绪波动；无关刺激引起孩子的注意，比如老师的服装独特、发型奇特、教室外面经常有人走动，有人在上体育课等等。

3. 对老师厌恶。老师讲授的内容索然无味，或者孩子和老师发生了矛盾，导致厌恶老师，因此不能集中注意力。

从主观方面说，孩子精神不集中的原因有：

1. 孩子自身的原因。比如，孩子患病或者睡眠不足时，很难集中注意力。

2. 因学习成绩不佳而对学习产生厌烦的情绪，也不容易集中注意力。

孩子精神不集中并不限于上课听讲这件事，还包括其他方面，如做作业、看书等。我们把这些情况都一并加以讨论，找出问题的症结所在，针对不同的情况，具体问题具体分析，采取针对性的对策，才可能收到应有的效果。

对由于学习心理疲劳引起的注意力不集中，要帮助孩子减轻心理压力，让孩子学会自我心理调适。课业负担重容易引起心理压力，但是在相同的学习课程的压力下，有些孩子产生学习的心理疲劳，有些孩子仍然精力充沛，心态很好，注意力集中。每个孩子抗心理压力水平不同，因此在同样的学习压力下有的孩子适应，有的孩子勉强适应，有的孩子就适应不了，承受不了过重的学习负担，这种孩子心理承受力就差。对这样的孩子家长要教会孩子正确对待课业负担，让孩子不要把考试的名次看得太重，不要顾虑太多，不要过多想学习名次

第4章
防微杜渐，纠正学习上易出现的毛病

下降会引起老师、同学、家长什么评价。这时就真的需要那种"走自己的路，让别人去说吧"的精神，尽量放松自己，不要给自己增加心理压力。我们要给孩子说明白：学习名次下降只要自己正确对待就可以了，不要顾忌别人对你如何看，否则就等于给你又增加了心理负担，造成恶性循环，引起上课注意力涣散，影响学习成绩，那就得不偿失了。

对于在繁重的学习压力下，在题海战术中不能自己调节自己，不能自己控制自己，从而感到苦不堪言的孩子，家长要帮助孩子学会自我心理调节，学会信心提高法，学会情绪调节法，学会身心放松法，这样对缓解与解决孩子上课走神的问题有很大帮助。

孩子做作业时分心，有时是由于他们受到"诱惑"。假如不想让孩子坐在电视机前看电视，而想让他去做作业，那么，家长也不能打开电视。这样一来，孩子就知道人人都有应该做的工作。家长可以在孩子学习的时候看看书。如果家长能够以身作则，孩子也就能够平心静气地坐下来，集中精神做作业，就不会走神了。

注意培养孩子的学习兴趣。家长不要强迫孩子整天学这个学那个，而应多培养孩子各方面的能力和兴趣，如外出参观、郊游，参加体育、音乐活动等，或者玩一些具有启发性的玩具，慢慢发现孩子的兴趣，再因势利导，引导孩子专心、独立地学习。

利用游戏来训练孩子的专注能力。比如和孩子玩听读游戏，家长念三五组数字，让孩子认真听后复述出来；或陪孩子玩拼图和组合模型，让孩子在玩中学习细心观察，专心记忆，认真思考，在独立完成任务的游戏过程中获得成就感，从而养成学习时精神集中的良

好习惯。

对于家长来说，想让孩子在学习时精神集中的最好办法就是训练他们的注意力。注意力是人们从事一切活动的保证，观察事物时需要对观察的对象保持集中关注；记忆单词时需要对所记的内容集中关注；写字、画画也需要集中关注。

中小学时期是孩子注意力发展的重要阶段，因此在家长了解孩子的注意力情况后，有针对性地帮助孩子提高注意力的基本水平，是解决孩子上课走神或其他学习活动走神的基本途径。

所谓"眼观六路，耳听八方"就是最典型、最良好的注意力分配。孩子一面听老师讲课，一面记笔记，一面注视着老师，这就是注意力的分配。

注意力的集中是可以通过训练提高的，注意力水平可以用如下的方法加以训练，这里提供以下题目供参考。

观察下列各组数字，集中注意力找出前后两个数字的和是10的那两个数并在下面画上横线。例如：2946119355678547。

该题主要是测试速度，你如果被别的数字分了心，你的速度将受到影响，成绩就会下降。时间给定两分钟。

A：29148756394678831234567898765437

B：98765432198765431421521621728492

C：12345678912345671521631746135124

D：33467382914567349129123198765190

孩子偏科怎么办

有些孩子在学习中一部分学科成绩好,一部分学科成绩一般,一部分学科成绩较差。用孩子自己的话来说,有的学科是强项,有的学科是弱项。他们对"强项"很有兴趣,学习成绩就很好;对"弱项"不感兴趣,下的功夫也很少,就造成学习成绩不良。

为什么会出现这种情况呢?主要有两个原因:

一是孩子的兴趣使然。此种兴趣与家庭、学校、社会环境关系很大,就家庭环境来说,"体育世家"的孩子喜欢体育,"音乐世家"的孩子偏好音乐等;在学校中,教师的教学艺术及人格魅力也可能引起孩子"偏科"。

现实生活中,有些孩子喜欢数理化,而对语文、历史、地理等学科屡屡犯难,而有些孩子则恰恰相反。

二是目前学校教育体系的安排,将孩子学习的科目划分主次。在中学阶段,一些中学将孩子所学课程分为"主课"和"副课",凡升学考试和高考的必考科目为"主课",其余则统统为"副课"。平常,老师和孩子都重视"主课",忽视甚至轻视"副课"。更为严重的,是一些家长还支持孩子这种"偏科"学习。

事实上,孩子学习偏科不利于发展。孩子偏科造成知识结构不完整,影响考试成绩;从长远看还会造成知识结构失调,将来容易造成适应社会的困难性,影响工作。

那么，家长应该怎样帮助孩子纠正"偏科"问题呢？

首先，我们要让孩子明白"偏科"的危害，培养全面的学习观。

中小学阶段，属于基础教育阶段，是为孩子日后成才打下坚实基础的阶段。各年级开设的各门学科都是为了孩子的全面发展，经过科学论证和实践检验而设立的，偏废任何一门课程，都犹如修建高楼大厦时地基缺了几样关键的东西，其后果是很严重的。

通过对全国40多名高考状元进行调查研究得出结论，几乎所有的高考状元都将学科结构均衡作为学习秘诀。

当然，这些状元孩子当中也存在所谓的强项和弱项，所谓强项就是自己拿手的项，所谓弱项就是相对于强项来讲比较弱的项，但并不是偏科。高考也好，中考也好，所规定的课程都要考好，有一门考不好就使你的总分大大下降。有些高考状元很形象地说："学习各门课不能丢胳膊掉腿的，否则考试很难成功。"

一个考上北京大学的孩子说："我认为要对自己有一个清醒的认识，哪些功课好，哪些功课差，做到心中有数。对于自己擅长的功课可以根据需要适当减少复习时间，多下功夫攻自己的弱项。因为在强项上多花时间，只能是锦上添花，所增分数也到150分为止，况且分数越高，想增1分就越困难。而弱项则大不一样，原本不熟悉的知识只需稍下功夫，在高考时就能提高不少分数。我们要在相对短的时间内取得较大提高，这种方法是应该提倡的。"

总结高考尖子生的学习经验，可以看出他们对强项、弱项的态度和方法基本如下：

第4章
防微杜渐，纠正学习上易出现的毛病

(1) 对弱项不坐视不管，而应该花大力气改变弱项。

(2) 强项不能放松，放松了，强项可能会变成弱项。

(3) 弱项、强项应该一起抓，但在时间、精力的分配上，弱项应该多一点，强项应该少一点。

(4) 抓了两头（强项、弱项），中间科目也不能放松，也应花一定时间进行复习巩固提高。

(5) 要使弱项变成强项，关键在于努力。如果不发奋努力，弱项绝不可能变成强项。

父母一定要教导孩子，将来考大学你要想考得好就不能偏科，偏科必将影响你高考的成绩。父母在对孩子进行教育时，要结合一些具体考生的实例，这样会引起孩子心灵上的震动，发挥教育的作用。我们认为父母应该做好以下三个方面：

首先，要激发孩子对"非优势学科"的兴趣。如孩子在理科学习方面得了好成绩，而文科不足，此时可鼓励孩子："你数学学得这么好，语文能不能也学得这么好呢？试试看。"家长平时也可和孩子分析某一篇课文的写作特点，甚至也可"请教"孩子一些语文方面的问题。许多孩子语文不好主要表现在写作不好，此时家长可鼓励孩子写日记，模仿一些名家名作的布局、结构。让孩子多阅读一些文学名著和文学报刊，并鼓励孩子向报社、杂志社投稿，参加一些写作比赛，逐渐提高孩子学习语文的兴趣。

其次，家长要有耐心。纠正孩子学习偏科不能一蹴而就。家长要热情辅导孩子的"非优势学科"，善于发现孩子的点滴进步，及时予

以肯定和鼓励，激发孩子对该学科的兴趣，增加信心。长期坚持下去，学习偏科的问题就会逐渐得到解决。

再次，要树立孩子学习的信心。孩子某门课学得好很容易对这门课有兴趣，某门课学不好就容易丧失兴趣或兴趣不高。因此对孩子来讲，要树立孩子的学习信心，鼓励孩子，向孩子说明白你也能学好其他课，你这门课一定能学好，因为你有能力把这门课学好，可能是你这门课的学习方法不好，下的功夫不多，才造成学习成绩不满意。孩子只要有学好偏科那门课的信心，又适当下一些功夫，不愁解决不了孩子偏科的问题。

孩子表达不清怎么办

常听到有的妈妈唉声叹气："我家的孩子都上小学一年级了，可还是笨嘴拙舌的，不善于表达自己的想法，怎么办呢？我听其他孩子反映，我家的小明上课时不善于回答老师的提问，嘟嘟哝哝地表达不清。"一般来讲，女孩在小时候发育比较早，大部分口齿伶俐；而一部分小男孩则不善表达，笨嘴笨舌。

语言表达能力是一个人思维能力强弱的表现，思维能力强的孩子其思维逻辑顺序明晰，而思维能力弱的孩子则模糊不清。思维模糊不清对孩子学习是不利的。因此，孩子的语言表达能力不可忽视。

语言环境不同，孩子的语言发展程度也不一样。造成孩子不善表达的原因很多，如果不是智力、心理、生理等方面的原因，那么孩子

"不善言辞"的原因很可能跟父母有关。母亲如何培养孩子,如何教孩子说话,孩子的语言发展程度不一样。能说会道的父母的孩子,很有可能也口齿伶俐;沉默寡言的父母的孩子,很可能也不爱说话。儿童语言的发展,因其所处的语言环境,及父母对孩子的说话方式而有所不同。因此,我们要为孩子创造一个良好的语言环境,提高孩子的语言表达能力。

这里有一套教育专家根据孩子不同的年龄段语言发展的特点为父母们设计的一套训练孩子表达能力的方案,这套方案从3岁开始。

3~5岁孩子语言的训练方法如下。

这一年龄段的孩子,语言发展的特点有以下几点:

· 基本上能够说出完整的句子,而且句子从单词转变为双词句、多词句。

· 基本上能说出自己的姓名、住址、年龄等。

· 除了能背诵一些儿歌、诗词、广告语外,还能猜简单的谜语。

· 发音开始稳定,并趋于方言化。

· 孩子开始出现自言自语的现象。

这时,父母可以对孩子进行生活中的语言"常规训练"。只要你善于发现和利用日常生活中的点滴机会,你就是孩子最好的"语言玩伴"。

在孩子做事时进行评论,或者父母给孩子提出问题。比如问他:"你画的房子真漂亮,但你为什么把它画成绿色呢?""你画的那个人看上去好像在跑步"等等。

这样可以让孩子知道你对他正在做的事情很感兴趣,同时也间接地告诉孩子可以用语言来描述他正在做的事情。

值得父母注意的是，对孩子的所作所为进行评论千万不要太过分，因为有时候孩子想一个人把事情进行下去，而不希望你对他进行太多的评论或不愿意回答你提出的问题。

经常给孩子讲故事，并和他一起念一些诗词和儿歌。孩子们非常喜欢诗词、儿歌和童话，喜欢它们具有的那种有节奏的韵律，即使他不能领会其中的意思。

经常让孩子听诗词、儿歌和故事，能帮助孩子将字、词中的音节区分出来，对他以后准确发音、阅读是很有帮助的。

6~7岁孩子语言的训练方法如下。

这一年龄段的孩子，语言发展的特点有以下几点：

·大多数孩子基本能将普通话中的韵母发音清楚。

·孩子词汇量不断增加，并逐渐能理解他所掌握的每一个词的确切含义。

·孩子能够独立地讲述事情，但仍具有情境性。

·在游戏中遇到困难和疑惑时，会自言自语。

这时，父母可以对孩子进行生活中的语言常规训练。

从现在开始，当孩子回答你给他提出的问题时，不能只要求他回答"是"或者"不是"，而一定要他用完整的句子来回答，越具体越好。

这能培养孩子认真听别人讲话的能力，并能丰富孩子的词汇量，因为他必须用一句话来代替简单的"是"或者"不是"。

带孩子和你一起去选购商品。虽然很多时候，你的购物时间有限，不可能让孩子随心所欲地选购，但只要条件许可，你都要鼓励孩子和你一起挑选商品，哪怕只是很少的几件。

这能让孩子有参与感。让孩子多和你去购物能扩大孩子的词汇量，让他了解许多商品名称，并能增强孩子的观察力和记忆力。

父母可多带孩子出去走走，因为每次外出活动都可以成为你和孩子的谈资：坐车出去、到百货公司坐电动扶梯、月亮出来后出去散步、看小鸟睡觉的样子、雨停后穿上雨鞋踩水塘玩等等，这些都可以在外出后与孩子进行谈论。

外出活动等对孩子来说特别的事情，不仅会让他牢牢地记在脑海里，而且它们也和日常重复性的活动一样，能让孩子从中学习到许多词汇。

8岁以上孩子语言的训练方法如下。

这一年龄段的孩子，语言发展的特点有以下几点：

· 孩子基本上能够正确发音。

· 不仅掌握了名词、动词、形容词、数词，还开始掌握一些常用的副词和连词。

· 语言的连贯性增强，情境性减少，你不再需要根据孩子的表情、动作等推测他的意思。

· 不仅能掌握实词，还能掌握虚词。

这时可以对孩子进行"语言教具"训练。

如果父母整天忙碌不可能天天陪着孩子说话，这时，玩具就是最好的"语言教具"。玩具虽然不会说话，但它们可以做孩子语言游戏时的好伙伴，而且玩具也是孩子进行语言表达练习时最好的观众。

我们要让玩具"个性"起来。玩具所具有的"个性"越多，孩子学到的词汇也就越多。比如吃蔬菜的玩具熊、一个在跳的玩具青蛙、会砰砰响的玩具汽车、一个在吃骨头的玩具狗、一个在看书的娃娃等等。此外，你也不要心急，不要一开始就给玩具赋予太多的"个性"，而应该根据孩子的喜好慢慢增加。

此外，我们还要让玩具"生活"起来。孩子特别喜欢模仿，你做的事、说的话，他也会学着做、学着说。所以请你给孩子的玩具准备各种"道具"，比如给孩子碗、盆、匙等，让他喂他的玩具熊吃饭；给他一个小塑料盆，他可以给他的娃娃洗澡；你也可以用一个简单的空皮鞋盒改装成小床，晚上孩子就可以让他的玩具熊和娃娃在里面睡觉……普通的日常用品只要略加改造，就可以为孩子提供不同的生活场景，让孩子得到许多练习语言的机会。

孩子做作业马虎怎么办

孩子做作业不认真是一种很不好的学习习惯。父母如果任其发展下去，就会使孩子养成做什么事情都草率从事的坏习惯。因此，纠正孩子做作业不认真的毛病是很重要的。

那么，怎样才能让孩子做作业认真呢？

父母可以从下列几方面入手帮孩子克服做作业马虎的毛病：

1. 做作业具有重要意义

作业是学过的知识的总结，做作业是对知识的巩固，所以做作业在学习过程中非常重要。做作业认真不认真，反映的是一个孩子的学习态度。

可以这样说，凡是学习好的孩子都是重视做作业的，做作业都是十分认真的，不怕艰苦的。在这方面，许多少年给我们树立了榜样。比如13岁就考取中国科技大学的宁铂，就是这样一个孩子。

他除了老师讲的内容要消化，要理解，布置的作业要做完以外，在课余时间还自己给自己加码，出点难题。在高考前，宁铂光数学题就做了1300多道。在做作业时，他更一丝不苟，十分认真，出现错误，一定要加以改正，绝不马虎，正是由于他以认真的态度对待作业，所以他的成绩这么好。

2. 对孩子的作业要严格要求

如果对孩子的作业不严格要求，那么孩子就不可能认真做作业。无数事例也充分证明了这一点。中国科技大学少年班的曹一斌同学在一篇文章中写道：

妈妈对我学习抓得很紧。我的每次作业，妈妈都要仔细检查。有一点小错误，我就得被狠狠批评一顿，还要罚订正10遍，我那时常常是含着眼泪认认真真地订正作业。妈妈的严格要求，使我学习认真仔细，学习成绩总是名列前茅。小学所有的考试中，我只考过一次98分，一次99分，其他都是100分。

惯子如杀子，严格要求孩子才能教出好孩子。那些一味溺爱孩子的父母，是不可能培养出好孩子的。

3. 要求孩子尽量把字写好

写作业认真，包括把字写好。写字潦草，就是一种做作业不认真的表现。孩子为什么会写不好字呢？原因很多，态度是一个最重要的方面。父母培养孩子认真对待作业的态度很重要，这可以从好好写字开始。

孩子考试怯场怎么办

孩子上学以后，每个学期都有期中和期末考试。考试，是对孩子学习成果的一种检查，也是老师掌握孩子学习情况的第一手资料。

考试是检验学过的知识是否巩固的重要手段之一，同时它又是决定一个孩子能否升级或毕业的方法之一，因此，考试在学习中占有极其重要的位置。对于这一点，可以说每一个孩子和每一个家长都是十分清楚的。

这种定期考试，成了有些孩子的沉重精神负担。他们会因为压力过大而焦躁不安、惶惶不可终日，或者被某种自卑感所困扰着。这种情绪，会降低学习效率，严重影响学习精力的集中。

那么，怎样才能做到临考不慌张呢？

这要从以下几个方面入手：

1. 教孩子平时把知识掌握牢

在平时学习中，要认真听课，扎扎实实地把知识学会，这样遇到考试就不会慌张了。

第4章
防微杜渐，纠正学习上易出现的毛病

张海迪在给山东茌平县实验小学五(1)班同学的回信中就说明了这一点。

亲爱的小朋友们：

来信收到了。你们问：为什么一遇到考试就发慌？造成这个问题的原因是多方面的，但主要说明你们基础知识没掌握好。

譬如说吧，上课的时候交头接耳，做小动作，都会影响你们听讲。老师讲的知识你们记不牢，考试的时候一紧张，更容易忘掉。这样考试成绩自然不会好。试想，如果老师在台上讲四则混合运算，你们却偷偷地看《三打白骨精》，根本没听懂老师讲的课，考试的时候心里怎能不紧张呢？

反过来说，如果老师讲的课，你们认真听，反复复习，把课文内容听懂、记住，心里就有底了。譬如，老师给你们讲唐朝大诗人李白的诗："朝辞白帝彩云间，千里江陵一日还"，你们把这首诗背得烂熟，张口就来，考试的时候绝不会卡壳的。你们可以试一试。

张海迪讲的就是上课要认真听课，把知识掌握牢固，就不会害怕考试的问题。

2. 父母要为孩子减压

父母不要对孩子有过高的期望，以免给孩子过大的心理压力。在临近考试时，不要把考试的事老是挂在嘴上，而且不要因为考试对孩子过分特殊对待，给孩子做特别的物质准备或服务，如考前吃营养品，考试时请假在考场外陪孩子等等，这种做法会让孩子压力更大。

考试的孩子的确需要吃些好的，但是要有限制，不能过分。

在考试面前自乱阵脚的考生往往过分重视考试，把考试看得比什么都重要。在他们有些人眼里，考砸了就好像意味着一辈子都完了。为了缓解这种紧张的气氛，父母应装出一副满不在乎的样子对孩子说："考试没什么大不了的。"

3. 指导孩子正确认识考试

孩子的学习水平各不相同，只要孩子认真复习了，考出自己的水平就足够了。有时孩子可能会没有认识到自己的水平，对自我期望过高。而有些孩子却怕出错，因此，在考场里有紧张感，当看到熟悉的试题后就更加紧张，从而出现更多的失误。

家长不但要少给孩子压力，还要让孩子了解考试的目的。考试，即考查孩子掌握知识的情况，让孩子正确地认识自己，考试中出现不会做的题也很正常。

4. 在考试前让孩子调节好心情

考试前，孩子如果焦虑，家长可以采取以下措施帮助孩子消除焦虑。

一是欣赏音乐。音乐能调节人的心情，化解不良情绪。因此，家长应在考试前给孩子选择一些乐曲进行欣赏，如《二泉映月》《春江花月夜》《高山流水》等，使孩子在音乐声中逐渐放松身心，排遣焦虑。

二是进行户外活动。临考前，当孩子感到情绪不佳时，家长可陪孩子一起到户外走走，散散心，使孩子在活动中缓解压力，消除焦虑。

三是合理用脑。孩子为考试而焦虑，时间长了，会使脑子反应迟钝、思维能力降低。所以，家长应指导孩子合理安排学习、休息时间，用"最佳用脑时间"学习，提高学习效率。

5. 指导孩子模拟考试的流程

考试怯场多半是因为不熟悉，对内容和环境的不熟悉都会给孩子很大的压力。所以，父母要帮孩子模拟考试的流程，让孩子提前熟悉考试环境。

对此，我们可以为孩子准备相关考试的真实流程，让孩子适应考试的每一个步骤。

从自己的姓名和考号开始，慢慢写可以让自己恢复平静；看好题，理解题意后，一题一题地按顺序答。如果你的孩子爱紧张，就告诉他不要先看所有的试题，避免看到了自己不熟悉的题目引起过度紧张。答题时要是有不会答的，先好好想想，要是还不知道怎么答，就先放下这道题，去做其他的题。当所有会做的题全做完以后，再去做难题。家长要让孩子仔细检查，减少漏错。先做普通题，然后再看重点题。做完题以后要好好检查一下试卷的正反面，避免漏题。

6. 让孩子在考前准备好考试用具

有些孩子考试时，突然发现自己缺少了某种用具，因此开始紧张。

父母应在考试之前同孩子一起把所有需要用到的考试用具准备好，放在一个安全的地方，考试时带上。

7. 在考试时要树立一定能考好的信心

有些孩子尽管为考试做了充分准备，但仍然缺乏信心。这时父母就要给孩子打气,让孩子充满信心地去考试。因为有了信心,精神就会振作起来,头脑就会十分清楚,就会减少出现紧张的现象了。父母可以教孩子蔑视慌张、紧张。只有蔑视,而不是恐惧,才能产生信心。

孩子考试粗心怎么办

考试粗心是不少孩子常见的毛病,由于考试粗心造成的危害程度不一。有的孩子由于考试粗心,类似"10+10=100"的计算错误是造成孩子不能考上重点学校的原因之一。也有的孩子考试粗心审题看错题,因此丢分而捶胸顿足。

孩子考试中粗心造成丢分,孩子心疼,大人也心疼。前几年高考差一分考不上重点大学,得花几万块钱才能入学。曾经有的家长对孩子讲,你可粗心不得,你一粗心,爸爸妈妈几年的工作都白干了。

怎么帮助孩子改掉考试粗心的毛病呢?

1. 要培养孩子仔细、认真的习惯。有些孩子聪明又能干,学习也不错,但却有马虎的毛病,自认为会了,没问题,自以为是,不好好审题,结果答错了。对于这样的孩子,父母一方面要肯定他们聪明好学的优点,同时也要引导他们做事、做作业、考试精益求精、一丝不苟,要通过孩子过去马虎的实例和教训来分析马虎所造成的危害,讲明认真严谨的重要意义。最好引用一些生动的实例,可以收到较好的教育效果。

2.教会孩子以平常心对待考试，考试中，一般试卷的试题分为简单题、中等程度题与难题。家长要向孩子说清楚，进入考场拿到考卷，不管是什么题都要以平常心对待，对待难题不畏惧，对简单题不盲目乐观。应让孩子知道，简单的题目一定要拿满分，因为你完全有把握做好这类题，只要你认真对待不轻视、不麻痹，像对待难题一样全力以赴，就完全可能把简单题的分全部拿到。你拿到了简单题的分心中就有底了，就会更有信心去解决那些难题，争取更高的分数。

3.进行准和快的训练。父母要根据孩子考试常犯的错误、常见的毛病、常马虎的地方，和孩子商量拟订一些题目自己来做，要求又准又快，以准为基础很快解出来。要做的题都是他会的，很简单，只要认真就会做出来，这样来训练做题的准确性，提高准确率，达到既准又快。

孩子经过这样的多次训练就会提高做简单题的成功率，逐步可以实现百分之百的成功。这样的训练，比让孩子"别马虎"的口头教育效果好千百倍。

4.让孩子学会自我监督。帮助孩子分析错误最关键的地方是什么，在哪里，让孩子抄录自我提醒的"语录"。

例如，"坚决消灭错别字""不要忘记复数"等，放在自己桌子的玻璃板下，或贴在作业本第一页上，提醒自己时刻注意改正粗心的毛病，这样有助于克服孩子粗心的毛病。在考试前，父母可以和孩子一起讨论这门功课易出现的错误，易出现的粗心的地方，针对各门课的不同情况写出一些自我提醒的语句。这对克服孩子考试粗心的毛病很有帮助。

孩子不爱动脑筋怎么办

有的孩子在学习新知识或做游戏的过程中，一遇到困难和问题就问父母，自己不去动脑筋思考。

例如，晓晓已经上小学四年级了，可是她一遇到难题甚至是很简单的题都要父母给她解答。父母说："你自己做。"晓晓就撒起娇来，"我不会做嘛！快帮帮我。"

像晓晓这样不爱动脑筋的孩子还真是为数不少。作为父母，应该怎样改正孩子这种学习毛病呢？我们的建议是：

1.克服孩子依赖的习惯。许多家长当孩子碰到难题求助于自己时，不是循循善诱地引导孩子动脑筋解决问题，而是说："这么简单的题都不会做，来，妈妈告诉你怎么做。"这样久而久之，使孩子养成了依赖心理，懒于动脑。因此，当孩子遇到难题时，应引导他动脑自己解决，而不应越俎代庖。

2.要让孩子动脑筋，就要从引导孩子掌握日常生活中常见的具体事物并形成准确概念入手。通过丰富儿童的感性经验，引导孩子接触自然和社会，使孩子在与周围事物的接触中思维活跃起来。同时，让孩子学会使用具有一定概括性和抽象程度的概念，也能促进孩子思维能力的发展。

3.经常向孩子提出需要考虑的问题。家长要抓住一切机会启发孩子动脑筋思考问题，走在街上可以问孩子："你知道这些红绿灯有什么用吗？""下雨了，你忘了带伞，怎么躲雨啊？"

4.通过各种智力游戏，促使孩子积极思考。游戏是儿童比较喜欢的活动，它不仅适合儿童活泼好动的特点，而且可以激发儿童的思维，特别是一些智力游戏，如拼图游戏、棋牌类游戏。家长可以从画片上剪下一些植物、家具的图形，分割成两截或几块，然后打乱摆开，再让孩子拼接出原来的完整图样。

5.激发孩子的兴趣，鼓励孩子多实践。家长可以有意为孩子创设各种各样的情况，注重激发和调动孩子学习的积极性，激发他们的求知欲，并利用孩子的好奇心，引导他们思考问题，找出解决问题的办法。

孩子学习常常疲劳怎么办

孩子在较长时间的学习以后，常常会出现头脑发晕，注意力难以集中，有时还会出现伸懒腰、打呵欠，甚至打瞌睡、做题速度减慢、错误率上升、脑子不清楚等现象，这就是"学习疲劳"。

目前，中小学生的学习负担较重，老师布置了不少的家庭作业，学校还发了许多课外读物要孩子去读。有些望子成龙心切的父母，不仅给孩子增加一些作业，还在课余时间让孩子参加各种补习班，致使孩子放学后和假日没有玩耍的时间，有的做功课较慢的孩子，每天要到晚上九十点钟作业才勉强做完。这样，就容易导致孩子学习疲劳，影响孩子的身心发展。

连续学习在生理和心理方面所产生的倦怠，导致学习的效率下降，甚至到了不能再继续学习的地步。这是什么原因呢？这是大脑疲劳的缘故。我们应该做到以下几点：

1. 学会休息

孩子出现学习疲劳的主要原因就是休息不足。预防学习疲劳的最有效的方法就是休息，通过休息可以消除疲劳。休息不仅包括上床睡觉，还包括其他的一些形式。

2. 合理安排学习

教育专家指出，许多孩子产生学习疲劳感是因为学习内容的偏多和偏深。只有当学习内容的数量与难度和孩子的能力水平相适应的时候，孩子才不会觉得乏味、枯燥，也就不会产生疲劳了。

3. 科学安排时间

人在一天或一周内的不同时间里的学习效率和疲劳情况是不同的，比如上午的第二三节课的效率是最高的时期，一周中的周二、周三、周四为最好的学习日期。还有研究表明，各学科的疲劳值也是有差异的。数学和体育疲劳值最大，然后是语文、历史、地理、物理、化学，最后为音乐、美术、实验技术等学科。

懂得了这个道理之后，父母要提醒孩子注意各科学习时间的安排和搭配，做到文理交叉、抽象性的学科和形象性的学科穿插、脑力活动和体力活动交替、内容多和内容少的学科交替，这样能使神经活动得到充分的调节，减轻大脑的疲劳程度。

4. 改善学习环境

选择、营造一个好的学习环境，对于减少不良的心理反应，消除各种引起学习疲劳的环境因素，具有很重要的作用。学习的场所要保持安静、整洁，桌椅要舒适，室内的光线尽量柔和不刺眼睛。

孩子记不住东西怎么办

出生在干部家庭、生活条件优越的珊珊是父母的掌上明珠。父母对她比较娇惯。她性格活泼，一双大眼睛炯炯有神，说话的声音细而干脆，是一个很机灵的孩子，但学习成绩一般。她的父母都是知识分子，对孩子的期望值较高，希望她能升入重点中学。但从目前的学习成绩看，离进入重点中学的差距很大。

据珊珊父母反映，孩子在学习上最大的困难是：老师在课堂上讲的内容有的记不住，下课后完成作业困难；阅读课文较好，但背、记课文困难，读十几遍都背不下来；文字理解困难，修改句子错误较多。

像珊珊这样的情况，我们认为影响学习成绩的主要原因是：

1. 记忆能力较差。由于孩子在学习过程中主要依靠记忆功能，因此，记忆在学习中起着重要作用。记忆从时间上分为长时记忆和短时记忆。如果孩子的短时记忆不好，往往会影响她的上课听讲的质量，而长时记忆与她的概念理解能力水平的高低有很大的关系。

2. 理解能力较差。这类孩子可能会表现为无法有效地组织思维内容，无法形成抽象的概念，对理解抽象的概念有一定的困难。

珊珊听觉记忆和视觉记忆不能较长时间地保持对所学知识的记

忆，因此，尽管她比较刻苦，并付出很大努力去背、记，但也只能是机械地记忆，而不能把知识系统化。

根据珊珊的情况，父母可以对她进行以下训练：

A. 提高听觉记忆能力，目的是让她听清楚，听清后要记忆。

B. 提高视觉记忆能力，目的是要求她看日记后写下来。

C. 理解能力训练。

先从语文知识中的字、词、句、段、文章开始做理解训练，接下来进行推理和思维训练：听故事后想原因或结果。

三个月的强化训练后，珊珊的妈妈反映说："珊珊现在背诵课文时，看读几遍基本就能够背下来了，而且理解方面有明显的提高。"

珊珊的自我感觉也很好，她也轻松地说："现在我不发愁背东西了。"

下篇
从好学到学霸，用好方法让学习力爆表

欲成学霸，必先拥有独立学习能力。

学习是一种综合能力，它从产生学习兴趣开始，通过开发学习潜力，最后形成独立学习能力。

独立学习能力不仅仅是一种学习习惯，更是意志与毅力的产物，是一种不容忽视的能力。

< 第 5 章 >

多管齐下，
全面激发孩子的学习能力

保护孩子的好奇心

我们常常碰到孩子提出这样一些问题：向日葵为什么总是面向太阳？天空为什么是蓝色的？人为什么会呼吸？

其实，这些都是孩子好奇心的表现。

每个孩子都有好奇心，这是他们的天性，是孩子们天生的求知欲的一种反映，也是孩子们智慧闪烁的火花。孩子们往往都有探索现实生活中出现的种种未知事物的强烈愿望，对周围的一切都感到陌生、新鲜、好奇。

孩子出于好奇，常常会做错事。这时，家长不可简单责备，而是应当细心了解孩子的想法，耐心加以引导。

平时孩子们往往爱问"为什么"，有的家长由于不了解他们这种好奇、好问的特点，所以把这些原本正常的现象看成是孩子在捣乱、淘气，于是对孩子提出的问题往往采取漫不经心、搪塞的态度，或者根本就不予理会，认为这是孩子的幼稚表现。其实，孩子的智力正是在"好奇—满足—好奇"反复的过程中得到发展的。

对于求知欲比较旺盛的孩子来说，如果他们弄清了一些从来就不知道的奥秘，他们将感到极大的快乐。揭开这些奥秘，使他们体验到那种愉快和满足的情感，反过来这种满足又会激起他们对新事物的兴趣。

作为家长，不仅要尊重、保护和正确引导孩子的好奇心，而且还应该努力去激发他们的好奇心，使他们幼稚的好奇心发展成为强烈的求知欲。对孩子提的所有问题，要注意确切、通俗易懂、有条理地给他们答复，如果暂时确实答复不了，你也可以告诉他："这个问题等我弄明白以后再告诉你。"而不能以"你要知道这么多干什么"的态度对待孩子的好奇心。

如果父母答应了孩子以后给他答案，那么事后一定要兑现。

为了激发孩子的好奇心，家长更要鼓励孩子，让他自己去了解丰富多彩的自然界和这个纷纭复杂的社会，让他们大胆地提出各种问题，并且引导他们通过自己读书、观察、思考等方式，寻找正确的答案。

专家指出，在激发孩子对于知识的好奇心时，教给孩子观察特别重要。

孩子的好奇心是孩子求知欲望的萌芽，做父母的如果不加以认真对待，这棵萌芽可能会就此夭折，导致以后孩子不爱学习。如果父母能够加以认真培养，这棵萌芽就可以茁壮地成长，使孩子在未来的学习中不用扬鞭自奋蹄。

和孩子一起思考

有的孩子在小学阶段或是刚进中学时，他们的学习成绩很好，但后来慢慢落后，越学越吃力。这种状况尤以女生为多。并非这些孩子长大反而不努力，不用功了，而是在学习的初始阶段，孩子把主要精力用在了死记硬背、机械模仿上。他们的思维能力、思考能力没有得到应有的开发。一到中学课程多了，内容逐步加深，便难以单靠背诵记忆应付，落后也就在情理之中。为了避免这种情况，在孩子幼小时，父母就要着力培养孩子的自学能力、理解能力以及举一反三的思考与推理能力。当然，在这方面学校与课堂教学承担着重要责任。作为父母，可以通过各种更轻松的方式，来配合学校提高与锻炼孩子的思考能力。

家毕竟有别于学校，不能总是让孩子一本正经地做数学题，不能总让他坐在书桌旁苦思冥想。在家里辅导孩子，最好是以生动活泼的方式，既能激发孩子的兴趣，又不使孩子感到厌烦。例如听孩子讲故事，让孩子自己编故事等，都是带领孩子展开思考的好方法。与孩子一起猜谜语、编故事，一起探讨怎么修改他们编的故事，怎么使情节更加合情合理，使故事更加动人而富有感染力。进行这些活动的过程，都是引导孩子发展思考能力的良好机会。无形之中，孩子的学习兴趣也就潜移默化地得到了加强。

只要你有这种意识，在与孩子不知不觉的相处中，随处都可以找到这种机会。茶余饭后，空闲时间，轻松气氛下随意地，又是有意识地引导孩子思考，效果要比一本正经地说"来，孩子，让我们来进行一些思考训练吧"好得多。如在报纸杂志上看到火柴谜等训练思考的游戏，可以与孩子一道想，一道做，而不是只让孩子做，如"倒酒杯之火柴谜"就很有意思。

做这个游戏时，用四根火柴分别摆成两个小酒杯的样子，"杯"中放一个硬币。不论哪只酒杯，只要移动两根火柴，就可以使"酒杯"

倒转过来，并且使硬币在"杯"旁。通过类似的游戏，在不知不觉中提高了孩子的思考能力。

在休息时间，父母可以从日常生活中接触到的现象入手，经常有意识地提出一些有意思的问题，以引导和培养孩子勤于思考的好习惯。比如，在寒冷的冬天，玻璃上结满了冰。这时你可以问孩子，窗上的冰是在里面还是外面？再问他为什么，再让他走到窗户跟前仔细看一看，摸一摸。至于原因，你不要马上给他做详细解释，而是可以留给他自己思考。如果他自己能想明白最好，若想不明白，则应在他思考的基础上再讲，这样容易理解，记得也更加牢固。

再举一个例子：家里挺新的铝锅突然漏了，孩子搞不清楚是什么原因，你可以告诉他，铝锅放了盐就会被腐蚀，刀子上有水容易生锈。这是因为铝、盐、水和铁在一起会发生化学作用。那铝盒里放糖为什么不会起化学作用呢？再告诉他："不同化学元素之间的作用不同，你现在还不懂，等你学了化学，就可以弄明白了。"在好奇心与求知欲驱使下，孩子希望快点上初中，快点开化学课，以便弄清其中的奥秘。到了初中，一旦开了这门课，孩子便会如饥似渴地主动去学。当学到一些知识，他脑海中存在已久的问题有了答案，就会激起进一步学好这门课的兴趣。这样就形成了孩子求知的良性循环。

孩子的脑海里经常存有一些疑问，对激发孩子的学习兴趣大有好处。例如有这么一个题目：用六根火柴搭四个等边三角形，每边长等于一根火柴的长度。这样的题，对一个只有平面概念的小孩子来说，是很难做出来的。孩子答不出来不要强求，也不忙告诉他答案，等孩子上了中学，一旦接触到了立体概念时，这道题就迎刃而解了。解决了一个悬心多时的问题所带来的快乐，会大大鼓舞孩子的学习兴趣，会使孩子感觉到学习知识既有用，又有趣。

事实表明，让孩子带着好奇的疑问，是引发其兴趣与主动求知的有效方法之一。做父母的，要随时提出符合孩子年龄特征和理解能力而又有趣的问题，指出解决问题的方向与道路，让孩子能尝到接近并求得答案的乐趣。

激发学习兴趣的小窍门

窍门一 制作"得分表"

相扑比赛的得分用白星和黑星表示，远远望去，胜负一目了然。像这种能够用眼睛确认自己目标和实际完成情况的做法，能够鼓起人的干劲。

把这种得分表应用于孩子的学习是很方便的。比如可以事先规定：到几号几号之前，习题集和练习册做到第几页为白星，没做到为黑星。或是规定单元考试获胜的最低分数，以区分胜负。换句话来说，这是对自己的计划进行的挑战，是与自我进行的竞争。我们能用眼睛看到竞争的结果和目标。这个目标就是今后还要考多少次拿多少分才能得胜。孩子一定会每天都饶有兴趣地盯着"得分表"，坚持学习的。

窍门二 试着换一门功课

一个月熟读几十本书的读书专家，往往是几本书一起读。第一本书读烦了就换第二本，第二本书读烦了就换第三本，如此不断更换阅读的书籍。据说，这样可以使阅读量达到普通人的数倍。究其原因，是每个人都有喜新厌旧的毛病，而读书专家的做法正好克服了这一弊病。

孩子的学习也不例外，如果家长觉得孩子对某一门功课厌倦了，就要尝试变更学习计划，让孩子不断更新所学的科目。如果孩子的学习效率提高了，他的学习成绩相比之下也会提高的。如果让孩子刻板地执行他自己制订的计划，反而会使计划的实施出现延迟，助长孩子厌学的情绪，不利于孩子以后的学习。

窍门三 激发"专家意识"

"专家意识"并非大人所独有，孩子也有孩子的"专家意识"。如果孩子听到有人对他进行评价，说他精通某事时，孩子就会更加努力以不负众望，因为这关系到专家的"面子"。我们可以充分利用孩子的这种心理，当觉得孩子对某事表现出兴趣时，不妨将其相关的专业书籍送给孩子，让他爱上这一门专业，提高学习成绩。

窍门四 利用偶像的魔力

家长会上，经常听到母亲们长吁短叹："我的孩子一个劲儿地模仿电视和广播中的嘉宾、演艺界人士，我十分担心这样下去会使孩子误了学习。"模仿嘉宾、演艺界人士的谈吐、穿着现象由来已久，不仅是小孩子，青少年都有这种倾向，而明星确实扮演着领导流行的角色。

父母可以利用孩子爱屋及乌这种心理，用明星的魔力来改变孩子厌学的毛病。例如，私下查阅孩子偶像的擅长学科，然后拐弯抹角地告诉孩子,孩子听了一定会想:"他(她)能这样,我也要这样",从而鼓起自己的干劲来。如果偶像所擅长的学科是孩子不擅长的学科则正合适;如果并非孩子不擅长的学科,则有利于帮助孩子培养"擅长科目"。这样一下子就把坏事变成了好事。

窍门五 让孩子的竞争心理变得充满乐趣

虽说运用竞争心理能使孩子觉得学习愉快,然而竞争并不仅指孩子在学习中赢了或输了。如果在日常生活中轻松地利用竞争心理,不仅有很强的娱乐性,孩子也会很配合。

妈妈在厨房做家务而孩子学习时,妈妈不妨和孩子这样说:"孩子,妈妈在厨房做饭,你写作业。咱们来一个比赛,看谁先做完。准备,开始!"即使让孩子赢了也不要显示出故意让孩子赢的。妈妈在没有看着孩子写作业的情况下,他就在妈妈做完家务之前完成了作业。

窍门六 用赞赏的态度听孩子讲述上课内容

人们打电话碰到对方是录音电话时,总觉得有话却难以说出来。"对方"不在,也就是说没人听你的话,没人附和着说"是,是这样"之类的话。只有对方做出某种"反应",谈话才能谈得起劲。

向孩子了解上课的内容时也是一样的道理,如果听的时候表示赞许,孩子就会讲得非常起劲。比如,对孩子说:"嗯,是吗?你经常学这么难的内容呀,真了不起。"如果你这样对孩子表示赞许的话,一定会进一步刺激孩子说话的欲望。这样无形之中就激起了孩子学习的欲望。

窍门七　让孩子看完后讲故事

日本电影评论家淀川长治小时候，全家人都喜欢电影，当他爸爸带他看电影回来后，他奶奶一定会问他："电影怎么样？给我讲讲大概意思。"所以小淀川从电影一开始就目不转睛地看着银幕，想着如何将电影的梗概说给奶奶听。

要把孩子爱看书作为医治孩子厌学的第一步。不仅仅是光给孩子买书，而且还要让孩子看完书后讲述书中的内容梗概。孩子被要求讲述书中的内容后，他在看书的时候就会考虑如何去讲述，所以他看书一定会看得很认真。孩子的妈妈如果爱看书，看完书后也同样要对孩子讲一下梗概。妈妈和孩子互相都讲故事，这样就能不断地培养孩子学习的兴趣。

学习也能变成游戏

寓教于乐，是帮孩子快乐学习的重要方法，往往能达到事半功倍的效果。下面就介绍一些可用于教育孩子的家庭游戏方法。

游戏一　给父母找错

孩子喜欢找错游戏，是因为孩子具有强烈的好奇心，同时他在找出别人的错处后还有一种骄傲感。因此，我们可以利用孩子的这种好奇心。

比如，和孩子一起做习题集时，故意做错几个地方。当孩子发现时，他的眼里一定会闪出亮光，这是发现错误的眼神。这样一来，孩子就会不放过任何角落，反复检查他的作业本。他肯定期待下次还一起来做习题。

游戏二　字牌游戏

在日本，有许多人小时候是通过"伊吕波纸牌"（日本一种印有诗句的牌）中的"犬要跑，遭棒打"的句子记住"犬"和"棒"这两个汉字的。

假如只让你记汉字或单纯背诵短歌，要记牢恐怕是比较困难的。别的不说，首先一点就是没有背诵的动力。而如果是"游戏"，它才会自然而然地植根于记忆的深处。

如果你的孩子讨厌汉字，我可以向你提供一个制作汉字纸牌的方法，即把汉字做成手抓牌。另外，扑克中的"21点"玩法需要计算，它们对孩子提高计算能力或许也会有帮助。

我们也可以把汉字的偏旁和部首分开来写在一张纸牌上做成字牌，比如把"村"写成两个纸牌"木"和"寸"，然后问孩子这两个牌可以组成什么字。这样能大大提高孩子识字的兴趣。

游戏三　猜题游戏

有一个年龄幼小的孩子，几乎认识所有汽车的牌子，令周围的人惊讶不已。可是孩子的父母并没有刻意教他。据说，父母开车去兜风时因为孩子顽皮捣乱，他们便让孩子玩猜测游戏，让他猜下一辆迎面经过车辆的种类和颜色等，不知不觉中孩子便掌握了"专业性"的知识。

这个故事给人以很大启发。即使是这样简单的游戏，只要孩子感兴趣，就会不知不觉地通过游戏来"学习"。假如父母对孩子这样说："明天的考试会出什么题呢？让我们来猜一下吧。"孩子为了多猜题，也许会扩大学习范围。如果猜题很有趣，孩子就会越来越愿意猜题。如果让孩子和他的同伴做猜题比赛，不仅内容具体，而且还会激发孩子的好胜心，从而取得更好的效果。而且，当孩子反省自己猜题不准的时候，还能在无形中起到复习的作用。因此，简单的猜谜是通向好学的途径之一。

游戏四　时间分配游戏

在马拉松比赛中，除了选手个人身体素质外，决定马拉松比赛胜负的关键是看选手如何根据自己的能力合理分配时间和速度。如果选手一心想超过他面前的对手，自己就会乱了方寸。也就是说，选手是与自我进行比赛。这个原则也适用于学习。

把自己当作竞争对手，如让孩子自己计算做练习题时所用的时间，并让他向自己的纪录挑战，今天比昨天少用了几分钟等等。这样，孩子把过去的自己当作现在自己的竞争对手，就不会发生因为时间使用不合理而失败的事情。

游戏五　拼地图游戏

孩子原本就十分喜爱拼图游戏，拼图在玩具中被称作世界性的永久畅销品。

瑞典著名的教育学者蒙台梭利，为了培养孩子的学习兴趣，首先采用了把世界地图做成拼图的方法。当你把拼图交给孩子时，即使是对世界地图一眼不看的孩子，他也会迷上拼图游戏，把零散的世界地图一张张地拼凑起来。看到这种情形没有人不会惊奇不已。这在学习上可以称为"不学而达学习之目的"。

游戏六　车票运算游戏

即使你没有现成的游戏，只要你留心就会发现，身边能成为孩子学习素材的"游戏"素材堆积如山。

例如，我们可以利用四个数字加减乘除，进行结果为 10 的运算游戏。限定四个数字只能各自使用一次，并用"＋、－、×、÷"将这四个数字连接起来，最后得到 10 的结果。数字的顺序可以打乱，也可以随意使用括号。例如，从"1、8、1、3"四个数字，就至少可以想到 1×8-1+3=10 和 (1+1)×(8-3)=10 两种方法。看上去似乎很难，但是一旦熟练了，孩子会比大人更快地找到答案。可以说，这是一种比学习本身更能有效地培养孩子算术灵感的游戏。

这种游戏不仅用电车车票可以做，而且用汽车牌号和电话号码也可以做。当你和孩子一起外出时不妨试一试。

给孩子创造轻松的学习环境

心理学表明，人的潜能是受环境影响的，环境对一个人的工作效率影响很大。运动员在比赛中之所以能够发挥出高超的水平，就是由于他们置身于一种激烈的竞争环境之中。运动员发挥出超常的潜能需要紧张的环境，而孩子学习要提高效率，则正好相反，他需要轻松的环境。

那么，父母怎样给孩子创造一种轻松的学习环境呢？

方法一　让孩子在书房里张贴他喜爱的图画

第5章
多管齐下，全面激发孩子的学习能力

有一位工科博士，他的书斋里摆满了专业书籍及严肃的读物。然而他却在书架旁贴了一幅极富魅力的女子职业高尔夫球手的挂历。许多人十分惊讶于这种反差。

这位博士说，在研究的闲暇看一眼挂历是调节心情的好方法。原来，这位博士十分喜欢高尔夫球，搞研究工作累了，他就会注视画中那位在草坪上打球的美女，联想到令人心旷神怡的高尔夫球场，并由此而得到一种放松。

这位工科博士的做法所产生的效果对孩子也是一样的。图画中微笑的偶像、可爱的动物以及漫画中的人物是另一个自己，他与另外一个自己在进行无言的对话。当学习倦怠的时候，就和另一个愉快的自己进行交谈，其效果是不言而喻的。当父母看到孩子在房里张贴偶像的画像时，请不要急于斥责其肤浅无聊，应考虑一下偶像给孩子带来的乐趣，以及由此给孩子创造的良好心情。

方法二 给孩子播放"学习进行曲"

对于大人来说，好的BGM(背景音乐)让人摒弃"杂念"，精力集中，这对孩子也能产生同样的效果。

选择巴洛克音乐比选择摇滚和交响曲更合适，因为摇滚和交响曲需要大量的感情投入。如巴赫的《金色巴鲁格变奏曲》，原本是为稳定贵族的情绪而写，这对孩子学习是最合适不过的。时间长短也合适，大约有25分钟。它不仅对提高学习效率有好处，还可以陶冶孩子的情操。

当孩子听完曲子之后就让他去学习。孩子有了良好的心情，学习起来效率会提高。经常让孩子这样做，孩子会形成一种心理定式，就如同上班的人听到下班铃一样，孩子的心里也会无声地喊出："听完曲

子了,该学习了!"他会自动地去学习。

方法三　给孩子买"有趣的文具"

倘若将"有趣"的因素导入到学习中,学习工具也变成能够影响孩子学习兴趣的因素。如果使用的文具很有趣,那么孩子便会有一个好心情去学习。

现在市场上出现了大量玩具性的文具和文具性的玩具,这表明大家在进行对文具的重新思考。做成动物形状的橡皮、能发出声音的画册和铅笔盒、昆虫状的订书机……不胜枚举。孩子手中拿到如此有趣的文具而产生的愉快心情,或多或少会成为孩子学习的"促进剂"。

做好心理"热身",提高孩子的学习效率

一般认为,整理运动场地和保管棒球都是替补队员的活儿,这也是所有高中棒球队的通常做法。棒球队训练开始之前,为了活动肩部和腿部肌肉,要进行适度投球练习以及围绕场地的一圈慢跑。如果通过这种办法能够达到心理上的热身,队员训练就能全身心投入,否则训练的效果不会很好。

一个高中棒球队的教练因为队员不好好训练向人咨询。这位教练得到的建议是,把整理场地和收拾棒球的活儿交给正式队员去做。咨询员向他解释,尽管这样做会减少训练的时间,但是却让队员有充分的心理准备面对即将开始的训练,训练的密度也会随之增加。奇迹出现了,过去经常在第一回合就被淘汰的球队,居然在地

第5章 多管齐下,全面激发孩子的学习能力

区性的比赛中打进了四分之一决赛。

这就是比赛中的"心理热身",在孩子的学习中同样适用。想要提高学习效率,先要做好"学"的心理热身。

诀窍一 学习之前,和孩子一起整理文具

一位邻居的孩子刚开始学习书法。母亲看到孩子练字时研墨的时间很长,怕孩子累坏胳膊写字时手颤抖,便替孩子研墨。教书法的老师听说后马上制止,因为研墨是书法学习的前奏,其热身作用不可小视。身心的准备是一个渐进的过程,练字之前首先要摒弃杂念、一心研墨,完成这样的简单作业后才能将笔拿起来往纸上写字。

如果将这种简单的热身应用于学习的准备阶段,就自然能让孩子全身心地投入到学习之中。从这个意义上说,用刀仔细地削铅笔,比用方便至极的削铅笔器更适合做学习之前的热身。由于现在的孩子都用自动铅笔,学习前的热身也得另想办法。父母可让孩子把学习的必需品全都整整齐齐地排在桌上,把第二天的功课安排准备一遍。总之,让孩子像进行学习"仪式"一样来重复一定的简单工作是必需的,这样才能够让孩子为即将开始的学习做好思想准备。

这种热身也可以以帮孩子一起收拾书房的方式进行。一位很会抓住孩子心理的母亲在孩子不听话时,对他说:"到点了,该学习了。"他充耳不闻。在这种情况下,她就对孩子说"房间该大扫除了,一起来收拾吧"之类的话,说完就马上在孩子的书桌周围收拾开来。孩子也希望房间干净利索,所以也很自觉地来收拾自己的房间。经过几分钟的劳动,孩子就转移了注意力,把刚才看上瘾的漫画和电视节目置之脑后,并乖乖地走进他的书房去学习。

诀窍二　让孩子从他喜爱的功课开始

体育界十分重视"士气"。"士气"盛，弱队可连胜强队，级别最低的相扑手可战胜级别最高的相扑手，这样的例子屡见不鲜。之所以能够产生这样的"奇迹"，是因为一度获胜的成功体验奠定了弱者必胜的信心，这叫作"一鼓作气"。学习也不例外。让孩子先做会的题目，不断增加他的成功次数，孩子的学习"士气"便会油然而生。让孩子借着这股"士气"去挑战他头疼的科目，以前不会的题目很可能不在话下了。

欧美有一种开放式的学习方法。这种方法让孩子自己制订当天的学习计划，并让孩子自己去学习。开始时允许孩子长时间学习自己喜爱的科目，在这当中孩子就渐渐学起其他科目。而且，据说一点都不爱学习的孩子，不久也变得刻苦用功，并很快就补上了落下的功课。

孩子对世界充满了好奇，要对他们的好奇心善加引导。父母们太想让自己的孩子学好他不爱学的功课和学不好的功课了，其结果往往适得其反。

让孩子获得"成功体验"

做父母的是否有过这样的体验：一旦完成了某件事就会产生"成就感"，并对下次工作有了积极性？我们相信父母的回答是肯定的。每个人都有这样一种感觉："我完成了。""我自己也能行。"这样一种成就感会变成自信，并驱使人积极地投身下次工作。

第5章
多管齐下，全面激发孩子的学习能力

孩子也同样具有这种心理。所以，如果父母能想方设法将孩子的"成就感"引导出来，孩子就有可能积极地向较高的目标挑战。让孩子有"成就感"的关键是让孩子有"成功了""顺利完成了"这样的"成功体验"。因此，有必要安排一个不为孩子所觉察的，孩子能够轻易完成的课题。

要轻易完成，大概需要有三个条件：一、问题的难易程度；二、问题的量；三、问题所需要的时间。也就是说，如果是简单的问题、量不大的问题或者不花时间的问题，孩子肯定会从心里产生一种我"成功了""顺利完成了"的感觉。

为了使孩子有更强烈的"成就感"和"顺利感"，我们希望将孩子所取得的这种成绩以可能的形式保留下来。然后可以逐步增加难度、量及所需要的时间，让孩子不断获得"成就感"和"胜利感"。

诀窍一　练习册宜"薄"不宜"厚"

姑且不说小孩，就是大人，看什么书都一样，当你读完一本书、学完一本书时，你就会体会到一种难以言状的成就感。特别是习题集或课外作业题不同于别的书籍，是一种消耗品，你做完了一本还会出现另一本，没完没了。因此，与别的书籍相比，孩子更需要经常从做完的练习册中获得成就感，从而向新的练习册发起挑战。

当然，使用"薄"的练习册是提高成就感的一种方法。与完成厚厚的一本习题集这样的大目标相比，完成许多薄薄的习题集这样的小目标，能让孩子体会到更多的成就感，并使大目标能得到更快的实现。

诀窍二　让孩子和自己的成绩"比身高"

一位颇有成就的作家刚开始从事写作的时候，曾经因为一点小事和出版社的职员吵了一架。出版社方面想尽快将这位作家的稿件拿到手，所以这位作家的稿件没写出几页便被他们拿去。这样一来，这位作家的心就变得很不踏实。于是，这位作家向出版社的人提意见，并郑重警告："在我同意之前，你们谁也不许把我的稿件拿走，因为我写的内容当中有模糊不清的地方。"然而这并不是这位作家真正的理由，他真正的理由是想看到自己所写的心爱稿件由10页、20页一直攒到100页。啊！已经写了50页了！这种边数页数边进行创作的做法，更让自己有一种创作相当顺利的感觉。

同样，如果每月都把孩子做过的习题册积累起来的话，慢慢就会摞高，最后甚至还能和孩子的个头一比高低。把孩子的小测验和做过的练习册摞起来，等摞得差不多高了，就对孩子说："乖孩子，快过来，看你写的作业都有你高了。你真是了不起！"这样孩子的成就感也会随之而增强。

诀窍三　用红笔圈出计划"完成表"

有许多父母对孩子的学习计划指手画脚，而对孩子完成计划的程度漠不关心。计划当然必不可少，然而对于一个孩子来讲它是沉重的，意味着"必须完成多少多少"。相比之下，制作"完成表"和"成绩表"能极大地激励孩子，因为它用看得见的形式体现了孩子的努力程度。例如，可以采取这种方法：把计划表中的实现部分画上红圈。把自己完成的学习情况用自己和家人都能一目了然的形式标记出来，这样做对孩子的学习心理产生不可忽视的激励作用。

第5章
多管齐下，全面激发孩子的学习能力

暑假里集中同一社区的孩子做广播体操，它的出勤表就属于这种类型。参加了就给盖上一个戳，这很能赢得孩子的欢心。如果我们在孩子的学习计划表上加盖这种印章或封戳，用以标记孩子计划的完成程度，一定会大大增加孩子的成就感。

诀窍四　给孩子买立即能看到答案的习题集

一个教孩子植物栽培的园艺专家曾这样说：现代人不管是孩子还是大人都很心急，从播撒植物种子到植物发芽这段时间，他们都难以等待。虽然孩子们特意买来花盆做栽培的准备，然而他们却不能耐心等到植物发芽，就中途放弃了。

于是，园艺专家心生一计，决定错开时间播撒各种种子，当后面的种子播撒时，最先播撒的种子已长出了芽。这样一来，孩子便会产生错觉，以为刚撒下的种子马上就长出了芽，从而使孩子能把植物栽培坚持下来。

对孩子来说，如果做完事情不能立即产生结果，他就会对这件事失去兴趣，把注意力转移到其他方面去。例如，为了让孩子做完参考书和习题集的问题后再对答案，父母拿走了答案，结果使得孩子忘掉了辛苦半天的问题内容。即使书后附有答案，查找也很麻烦，所以马上能看到答案，并能马上确认做题结果的参考书和习题集更能让孩子体会到成就感。

诀窍五　用大字号书籍增加孩子的阅读量

与一本排版紧凑，怎么也读不下去的书相比，一本能一口气读好几页的大字印刷书，不仅能使孩子有"顺畅"的切实感受，而且还能增强孩子的阅读能力。如果阅读能力提高了，不仅对语文学习，而且对其他学科的理解也有帮助。阅读能力与孩子喜爱学习程度是密不可分的。

鼓励孩子的兴趣

许多母亲慨叹:"我们家的孩子什么兴趣都没有,就爱玩。"

但是我们要说,没有任何兴趣的孩子在世界上几乎是没有的。他们肯定有自己喜欢去做的事情,比如有的孩子热衷于看动画片,有的孩子能连续数小时一动不动地玩游戏机,等等。抱怨孩子什么兴趣都没有的父母应该仔细观察自己的孩子,发现他们的兴趣所在,发现他们在做什么事情时精力比较集中,想办法为他们创造一种环境,使之能长久地做自己喜欢做的事情,并把他们喜欢做的事情培养成他们的兴趣和特长。所谓"三百六十行,行行出状元",只要孩子有了某方面的兴趣,父母加以认真培养,就不愁出不了"状元"。

隔壁邻居家有一个女孩,从小爱跳舞,在幼儿园时常参加演出,在小学二年级时,被选入区少年宫的舞蹈队。这孩子的确有点舞蹈天赋,舞姿优美。她对跳舞很有兴趣,早上很早起来练基本功。她的悟性也很好,看了别人的演出,回家一模仿还真差不离。在少年宫教新舞时,也总是学得很快。有一次孩子正在兴趣盎然地练舞,她妈妈带着不以为然的口气说:"看你练得那么起劲,有什么用?舞蹈的基本技能离不开转圈子,你坐汽车都晕,还想学好跳舞?"她妈妈无意中的

第5章
多管齐下，全面激发孩子的学习能力

一句话，好比一盆冷水，把孩子希望的火花，一下子浇灭了。从此这孩子再也不跳舞了，并认定自己不是学跳舞的材料。

后来，在她上三年级时，舞蹈学校到小学挑选学员时也曾看上她，可是她自己坚决不去，舞蹈学校老师也认为她的身体条件、节奏感、对音乐的领悟等基本素质都很好，不去实在太可惜。就这样，一位母亲无意中的一句话，很可能就毁掉了一个舞蹈家。

孩子小的时候，兴趣和爱好均处于不稳定状态。此时，父母不要以自己的好恶去限制孩子，最好是先让其自由发展，等到一定年龄，若显示出某方面的才能时，再因势利导。过早替孩子选定发展方向如同给孩子定做未来的鞋子尺寸一样，是不明智的做法。

孩子喜欢某种活动，只要有益身心健康，做父母的都应当加以鼓励。孩子好学求知的积极性不可随意挫伤。对于孩子初学中出现的问题，无端地"取笑""讽刺"会从根本上动摇其学习的信心。家长应当以包容的态度予以理解，再热心地去帮助他们取得进步。如孩子初学写字、作画，切不可因其写得不好、画得不好，一看就摇头，更不能用一些易于伤害自尊心的语言，如"你写的字真难看，像鸡脚爬的一样"，"你画的叫什么人呀，比鬼还丑"，等等。这会使孩子失望，而且会产生自卑，认为自己天生写不好字、画不好画。既然爸爸说那么难看，大概是没有希望了，于是羞于再写、再画，从此搁笔。

对于那些兴趣广泛的孩子，可以让他们学习打算盘、练习书法，或是让他们学学音乐等。这些学习都能很自然地培养他们集中精力的习惯，而且学习本身也是陶冶性情的活动。

兴趣爱好是造就伟大成就的源泉，但家长不能强迫孩子喜欢这或喜欢那。不论是学习还是运动，只有在本人愿意，有兴趣去做的情况下由本人进行选择，将来才能有真正的发展。如果父母强迫孩子去做，孩子肯定会不喜欢而且很可能半途而废。

孩子考试失利时要帮助他振作起来

作为家长，谁都会关心自己孩子的成绩通知单。在孩子考试失利的时候，他内心的不安会加剧，甚至会萎靡不振。为了让孩子振作起来，父母应该用积极的评价来引导孩子，帮他振作起来。

下面是一些家长可用的帮孩子重树信心的好办法。

方法一　忽喜忽忧要不得

作为孩子的父母，谁都会关心自己孩子的成绩。这本来没有什么值得大惊小怪的，问题是有的父母只盯着孩子的成绩看，并为此而"忽喜忽忧"，这不是我们所希望的。和孩子一同分享他成绩提高的"喜"固然十分重要，然而，当孩子学习成绩不尽如人意时，大多数父母会表现出"忧"来。一旦父母这样，孩子也会因此而心灰意冷，学习成绩只会下降而很难提高。

即使孩子考得不好，父母也应宽慰孩子。例如说："妈妈（爸爸）也曾有考得不好的时候，考试总是时好时坏。"也就是说，作为父母不应该"忽喜忽忧"，而应该以乐观的心态去看孩子的成绩，一旦为孩子消除了来自目前成绩的压力，孩子的心理负担和低人一等的自卑意识就会烟消云散，这样有利于孩子以后的学习。

方法二　别让孩子"孤单一人行"

到了考试发榜的时候，一幕幕悲喜剧便上演了，经常能看到令人心痛的场面。其中，落榜生排遣失意的情形往往会给人留下最深刻的印象。他们有的人独自忍受，而更多的人则去找朋友们——与他同样的落榜生，相互安慰。

在平日的学习当中，与此类似的情况要多少有多少。当孩子成绩差或考试失败的时候，给孩子寻找在同样状况下的"相同得分"，比拙劣地安慰和鼓励孩子更容易被孩子所接受。

方法三　不要强迫孩子拿出成绩单

对于成绩不好的孩子来说，要把成绩单交给父母实在是难以出手。孩子因为平时不爱学习而成绩糟糕，因为成绩糟糕而惹父母生气，因为惹父母生气便愈加讨厌学习。可以说，这是一种典型的"恶性循环"。孩子考得不好，最耿耿于怀的还是他自己，父母对成绩单的评价便成了孩子的思想负担。

为了给孩子解除思想负担，父母可以这样做：当孩子领到成绩通知单时，如果孩子不是自愿，不要强迫孩子把成绩单拿出来。这样一来，孩子有时反而会不好意思，主动地把成绩单交到父母的手上。当然，在孩子交出成绩单之后，父母不能一味批评他。

方法四　鼓励孩子下次加把劲

一个踏入社会的人，在通向成功的道路上不免会遇到各种严重挫折，然而孩子在学习的时候则不会遇到这种挫折，因为他们还会有下一个机会。孩子如果因为学习不好经常受到呵斥，他的眼光就只盯着眼前的这件事。每当老师判完考卷时，他就提心吊胆地等待着挨骂。

为了帮助孩子消除考试带来的压力，父母应该把眼光放长远些，对孩子说："下次要加油呀！"父母在孩子成绩不好时一定要鼓励。

方法五　父母"坦承"自己也曾经考得不好

孩子如果刻苦努力、拼命学习，成绩一定会直线上升的。但是，当他的成绩上升到一定程度后，便很可能处于停滞状态。敏感的孩子往往会陷入一种沮丧的状态，并错误地认为"再努力，我也不过就是这个水平"。因为沮丧而导致成绩下降的孩子并不少见。这种停滞状态其实是正常的，在心理学上被看作是下次飞跃的跳板。也就是说，它是今后进一步发展而必须经历的一个阶段。

如果换一种孩子都能明白的说法，我们就将它解释为"充电期"。当孩子认定"自己就是不行"而有点沮丧时，父母就应该说："我们也有过这样一段时期，不管自己怎么学，成绩就是提高不了。不过这是下次飞跃的充电期，是不可避免的。"从而让孩子安下心来。

方法六　将低比低，显示高分

可以说没有比较就没有高低之分。正因为有了高低之分才有了褒贬的存在。低分是在比较中产生的，或者和全班的平均分数进行比较，或者和自己平时的成绩进行比较。但是，并非说这种"低分"就不能褒扬。如果你上次考试取得了相当好的分数，那你这次考试的分数很可能低于上次的分数。说得极端一点，上次考试取得了满分，这次考试就只能低于或等于上次的分数，不可能取得更高的分数。

如果孩子考了低分，父母想在孩子成绩大滑坡的时候鼓励孩子，是可以找出比这更低的考分作为比较对象的。你可以这样去激励自己的孩子:"你说考得不好,可你和去年这个时候比比看,还是有很大进步呀!"有了父母这样的鼓励,相信孩子会忘掉学习上的不愉快。

短时间集中注意力学习法

有的孩子每天都玩,他自己向别人承认他不喜欢学习,然而令人奇怪的是,他的成绩并不差。一个班里总会有一两个这样的孩子,但这不能说这一两个孩子的大脑构造特别好,只不过是他们在短时间内能高度集中注意力,学习效率极高的缘故。

我们发现这样一个事实:不喜欢学习的孩子都想着快点学完,快点去干自己喜欢干的事,因而不知不觉中就遵循了"短时间集中学习法"。反过来说,经常拖拖拉拉的孩子会不集中精神,甚至还会弄出许多错误。

短时间集中注意力学习法有一个绝好的佐证:日本某制造厂为了完成定额,经常加班到很晚。但是,由于工作人员的情绪低落和注意力下降,次品的数量开始增加。大家想方设法,始终解决不了这个问题。于是厂长提议,今后一个月的加班限定为一个不太长的时间。据说一个月后,工厂不仅完成了定额,而且次品也减少了。

这个故事说明:短时间工作并设定结束时间,比拖拖拉拉的工作效率要高。心理学家将这种效率称之为"结束效应"。一般而言,人对工作结束有强烈的期待意识,在工作接近结束的时候,对工作的热情反而会提高。

心理功能测试证实了这种"结束效应"。有许多人在就职考试中体验过。即便是做简单的加法运算,开始、中间和结束的效率各不相同,开始和结束时段完成的工作量大,而中间时段的工作效率低。我们把开始和结束阶段的大工作量分别叫作"开头努力"和"末尾效果"。

这种"结束效应"适用于孩子的学习。强迫孩子长时间学习只会增加孩子的厌学情绪,最好的办法是让孩子集中注意力进行短时间的学习。

诀窍一　保持注意力,适时换内容

心理学上的调查结果表明,小孩子能够集中注意力的持续时间以 15 分钟为限。因此,小学老师要考虑将 45 分钟的授课时间分为三个阶段,对某一阶段的讲授不得超过 15 分钟。

父母强制下的家庭学习往往会造成孩子的厌学。这是因为父母违背了"注意力持续 15 分钟"这个儿童心理学中的原则。如果强迫孩子连续 1 个小时或半个小时地做计算题或抄写汉字,孩子当然就会"没有耐性"。因此,在家中辅导孩子学习也应依据孩子注意力集中时限适时给孩子换学习内容,或是适当让孩子休息一下接着再学习。

诀窍二　用闹钟将学习结束时间定上

电视节目中常常播出一些智力竞赛节目,看哪位回答者在指定的时间内答对的问题最多。时间一到,蜂鸣器就响。回答者怕蜂鸣器会响起来,所以答得飞快。其注意力之集中,让观众都深受感染。这种通过听觉感知截止时间的做法,进一步提高了注意力集中的强度。父母可将这种方法用于学习上，不妨用闹钟将截止的时间定上，让孩子学习有做游戏的感觉。孩子开始的时候会觉得很有趣，可等时间一长，孩子就会认真起来。

诀窍三 制订一天以 1 小时为限的学习计划

孩子的天性是，明明做不了的事也会一口答应下来，好像他真能做到似的。即使他厌恶学习，如果你让他做一天的学习计划，做出的学习计划也会让你大吃一惊。例如：语文 1 小时，数学 2 小时，理化 1.5 小时，尽挑容易的写。一个连 30 分钟都坐不住的孩子在学习之前会说："好，今天我学 3 个小时。"面对孩子的豪言壮语，父母想欣然点头，可转念一想孩子的性格就会明白：孩子做不到。既然如此，倒不如现实些。你可以这样对孩子讲："你这样做计划不就没时间玩了吗？学习有一个小时就够了，你要充分利用一个小时的时间。"做了计划而没能完成，时间一长孩子就容易产生错觉，以为计划和行动是两码事。即使真的让孩子学三四个小时，他的学习也是低效的。如果将孩子的学习限制在一个小时之内，效果就会大不一样。孩子会产生这样一种意识：在规定的时间内必须完成规定的学习量。因此，父母在教育孩子时，与其让他制订一些不着边际的计划，不如让他制订一个切实可行的计划。

诀窍四 以定下结束时间代替开始时间

父母常常这样催促孩子："还看电视，你几点开始学习啊？"要是我们稍稍改变一下说法："你学到几点啊？"同是一件事，效果就大不一样。"几点开始"是指学习从开始就一味持续下去，而"学到几点"则不同，它规定了终止时间，在这个时间段内再懒的孩子也会集中精力去学。另外，说"几点开始"给孩子的印象是必须没完没了地学习，而说"学到几点"给孩子的印象就是学完后就自由了，那时做什么都行。它给孩子以愉快的感觉，并让孩子带着这种愉快去学习。

尤其是当父母想强迫孩子学习的时候，"到几点结束"这种方法就更能发挥作用。因为学习是必须的，而且也规定了结束时间，所以孩子在心理上就会出现紧迫感。再磨蹭的孩子也会在掂量自己能力的同时，不知不觉地下决心走向自己的书桌。

诀窍五 把学习时间定在孩子爱看的电视节目之前

法律是为了惩罚那些违反规则的人而制定的。如果孩子认为不遵守截止时间也无关紧要的话，我们就不能期待"结束效应"发挥出效果来。

"结束效应"虽然很有作用，但是也要依靠一定的手段来加以保障。最好的方法是将它与奖励挂钩，并且父母要把这种奖励兑现。孩子的天性是，如果有一件期盼的乐事在学习结束时等着他，无论性格多倔都会遵守结束的时间。不过话又说回来，作为父母没有必要特意为孩子创造乐趣，如在孩子学习结束后非要带孩子到游乐场去玩不可。孩子的日常生活中充满乐事，我们只要从中挑出一种让孩子在学习结束后去做就可以了。例如，把孩子的学习时间定在他爱看的电视节目播放之前，这样，就能给孩子一种不得不在指定时间内完成学习的紧迫感。我们之所以选择看电视的奖励而不选择玩电脑的奖励，是因为电视节目的播放时间相对固定，不像玩电脑的时间可以由自己任意支配。孩子为了看他喜爱的电视节目，不用父母强迫就能够在电视节目开始之前完成作业。

诀窍六 故意停止孩子的作业以加深其记忆

电视连续剧以及成人报刊上连载的侦探小说,之所以深受人们的喜欢,大多是由于在内容精彩的地方中断,"请看下回后续"所造成的效果。人都有这样一种心理,即没有做完就停下来时的记忆比一口气做完的记忆更深刻。电视剧和小说连载之所以大行其道正是利用了人的这种心理。

做父母的也可以把这种心理用于孩子的学习上。例如,习题集和练习册一般都是以一页或一单元进行划分的,在孩子做习题和练习时,就可以让他在一页没做完或者一单元没做完时停下来。这样,他没做完的问题和题目就会不知不觉地留在他的记忆深处。而且,孩子会下意识思考这些问题,这对他下一步的学习是有好处的,特别是孩子做题做得高兴的时候。在孩子做题没有做腻时就让他停下来,可以使孩子保留做题时的乐趣,这同"拳不使老、剑不使尽"是同一个道理。

< 第 6 章 >

追根求底，
把孩子的学习潜力开发出来

从厌学到好学，从好学到学霸
——如何让孩子爱上学习

早期教育越早开始越好

几乎所有望子成龙的父母都想知道，教育孩子从什么时候开始最合适。那么到底从什么时候开始最合适呢？

一位希望自己孩子成才的英国妇女，抱着同样的问题去请教伟大的学者达尔文。

"达尔文先生，您是世界著名的大科学家，请问，我的孩子什么时候开始教育最合适呢？"

"请问你的孩子几岁了？"达尔文问。

"他还小，只有两岁半。"

达尔文听了叹了口气道："唉，夫人，我不得不遗憾地告诉你，你对孩子的教育已经晚了两年半了！"

如果说这仅仅是达尔文一个人的观点，有点过于激进的话，那么伟大的生理学家和心理学家巴甫洛夫的话则足以佐证幼儿教育越早越好，他也说过一句名言："婴儿从降生的第三天开始教育，就迟了两天。"

人的生命是短暂的，短暂的生命怎样获得"爆炸"般增长的知识，怎样掌握日新月异发展的科学技术，而进入现代科技的前沿阵地？

第6章
追根求底，把孩子的学习潜力开发出来

我们的答案是：要使人更加健康，更加聪明，更具有合理而高超的智能结构，更优良的性格和思想道德，更富于开拓和创造精神，这样的人才，必须从一出生就开始培养。

早期教育是人的智能开发的最佳期，如果没有抓住这一最佳期对孩子进行智力开发，对孩子的培养就会事倍功半，甚至劳而无功；如果完全剥夺孩子受早期教育的权利，孩子的智能和作为人的行为能力可能将全部被埋没。这里有一个很好的例证。

美国著名心理学家布鲁姆经过大量研究之后说："如果一个人长到17岁时智力发展达到100％的话，那么4岁时，他将发展到50％，8岁时达80％，8岁～17岁的9年里发展20％。"这就说明，孩子年龄越小，智力发展可能性越大。

长期以来的传统观念认为，婴儿只会吃、喝、拉、撒、哭、睡而已；幼儿也只不过会跳跳唱唱，不过是一个"活的玩具"。他们的脑子还嫩着呢，根本经不起智力开发的折腾。这种传统观念实在到了需要改变的时候了。

古人云："子不教，父之过。"今人应该说："早不教，父母过。"为父母者，必须从孩子幼小时候开始寓教于身心发育的智力开发，并为孩子创造优越的条件，为他们未来的学习打下坚实的基础。据统计，进入中国科技大学少年班的超常少年，他们幼小时大都受过父母的智力开发。

早期教育是一门科学，必须遵循一定的科学规律。有些父母虽然懂得早期教育的重要性，不惜成本对孩子进行早期智力投资，恨不得一日之间把自己的孩子送进大学深造，但他们却违背了教育的规律，

结果欲速则不达，使孩子对早期教育感到烦躁不安。为人父母者必须知道，儿童心理成长和个人发展是有规律的，过急的教育并不能加速幼儿认识的过程。

瑞士心理学家皮亚杰就告诫人们："只有当所教的东西可以引起儿童从事再创造的活动，才会有效地被儿童所同化。"因此，在此告诫望子成龙的父母们，要遵循科学的早期智力开发规律。

开发孩子潜力的基本原则

1. 把握孩子的"关键期"

自从荣获诺贝尔奖的奥地利动物心理学家洛伦兹发现动物行为发展的"关键期"之后，人类便对自身各种能力与行为的发展关键期开展了广泛的研究，并取得了可喜的成就。

首先，人类心理发展的关键期是人类超常智力结构表现出明显特征的重要时期。85%以上的超常儿童或天才，在7~8岁之前就有了各方面超常的表现，整个智能水平已明显超过同龄孩子。

其次，幼儿期是人类能力与非智力心理素质综合发展的关键期，也是人类超常智力结构开始建构的时期，在这一时期，如果儿童能够得到科学、系统、适时的教育，儿童的超常能力将获得最佳的发展，许多中等以上智力水平的儿童，有可能达到超常的发展。

关键期是进行科学的系统教育、培养超常智力结构的重要阶段。各种能力与非智力心理素质发展的关键期如下：

2岁半左右：是幼儿技术能力开发萌芽的关键期。

3岁左右：是幼儿开始学习自我约束，建立规则意识的关键期。

3岁半左右：是幼儿动手能力开始发展成熟的关键期；是幼儿独立性开始建立的关键期；是幼儿注意力发展的关键期。

3~4岁：是幼儿初级观察能力开始形成的关键期。

3~5岁：是幼儿音乐能力开始萌芽的关键期。

4岁左右：是幼儿开始学习外语的关键期(6~8岁是学习外语书面语言的关键期)。

4岁半左右：是幼儿开始对知识学习产生直接兴趣的关键期。

5岁左右：是幼儿学习与生活观念开始形成的关键期；是幼儿掌握数学概念，进行抽象运算以及综合数学能力开始形成的关键期。

5岁半左右：是幼儿抽象逻辑思维开始萌芽的关键期；是幼儿掌握语法，理解抽象词汇以及综合语言能力开始形成的关键期；是幼儿悟性开始萌芽的关键期；是幼儿学习心态、学习习惯以及学习成功感开始产生的关键期。

6岁左右：是幼儿社会组织能力开始形成的关键期；是幼儿创造性开始成熟的关键期；是幼儿观察能力开始成熟的关键期；是幼儿超常能力结构开始建构，并快速发展的关键期。

7岁左右：是幼儿多路思维能力开始形成的关键期；是幼儿操作能力开始形成的关键期。

8岁左右：是幼儿阅读能力和综合知识学习能力开始形成的关键期；是幼儿欣赏艺术和美感心态形成萌芽的关键期；是幼儿自学能力开始形成的关键期；是幼儿自我控制与坚持性开始成熟的关键期。

9 岁左右：是儿童初级哲学思维能力产生的关键期。

2. 智力技能培养才是决定因素

同所有事物一样，大脑发育也是"用进废退"。只要遵循其发育规律，循序渐进，孩子的聪明才智就可以充分发挥出来。而人的大脑的潜能是十分巨大的，据研究，人的大脑潜力平常只使用了其中的千分之几。

人的大脑的整个机能是智力表现的基础，智力同整个脑髓的整合密切相关。智力是脑神经活动的针对性、广阔性、深入性和灵活性在任何一次神经活动和它引起的并与之互相作用的意识性的心理活动中的协调反映。少儿时期是儿童智力可塑性最大的时期，能否进行良好的教育培养是发展智力的一个重要因素。

开发孩子的智力潜能，就是要运用种种符合大脑发育规律，使智力器官获得尽可能迅速和充分发展的方法。其中智力技能的培养是智力发展的关键性因素。智力技能是一个人大脑内部活动的方式，它包括观察能力、注意能力、想象能力、记忆能力和思维能力，其中思维能力是智力技能核心。

培养孩子智力技能的具体方法很多，演奏乐器是一种很好的方法。因为演奏乐器需要手、脑、眼、耳、口等器官同时协调开动，它不仅要求注意力高度集中，而且还要眼看乐谱、脑记乐谱和手掌握力度、速度节奏等等多方面功能的协调配合。这种思维的多向性，脑、手、眼、耳、口等器官的协作配合，不仅能使大脑工作的耐久力大大增强，而且能使大脑工作的密度、强度、紧张度和持久性得到充分锻炼，从而提高大脑的思维效率及创造力。因此可以说，家长让孩子学习一些乐器是对孩子进行智力技能培养和训练的好方法。

3. 开发潜能要遵循大脑"轮流"活动规律

研究表明，人体内的一切活动过程都是靠大脑来主导的，大脑还能调节机体与周围环境的平衡，因而是人体活动的"最高司令部"。只有遵循大脑"轮流"活动的规律，才能使孩子的身心得到良好的发展，聪明才智得以不断提高。

人的大脑内部有明确的分工，它们指挥着全身各部分协调工作：在大脑皮层上分成若干区，有的专管听，有的专管看，有的专管说话，有的专管运动等等；各个区之间有分工，有联系，彼此相互依存、相互影响。在同一时间内只有部分区在活动，处于兴奋状态；而其他区则在休息，处于抑制状态。随着活动内容的变换，大脑皮层上各个区的活动与休息也交替进行着，兴奋点与抑制点也不断地转换。只有认识了大脑轮流活动的规律，才能更好地开发孩子的智力潜能，指导孩子的学习。

关于学习，许多家长认为，学习只不过是坐在那里动动脑筋，没多少运动，因而是不消耗什么体力的。事实上，学习是一种消耗能量很大的强脑力劳动，不能无限制地延长学习时间，要把学习活动安排在效率最佳的时间，并安排脑力活动与体力活动交替，不同的学习内容互相轮换，可以使孩子大脑皮层的各个区域得到休息，使孩子的学习生活丰富多彩，愉快舒适，充满乐趣，使孩子保持较高的兴奋性和活动能力，从而使聪明才智得到发展。因此，父母在开发孩子智力潜能时，必须要遵循大脑各个构成部分轮流活动的规律。

从厌学到好学,从好学到学霸
——如何让孩子爱上学习

开发孩子脑力的方法

孩子的大脑虽然具有一定潜质,但是还需要父母帮忙去开发。犹如一座含金量丰富的金矿,如果没有人去把它开发出来,金子就永远藏在岩石中。同样,一座金矿也不能乱开滥采,否则就会造成巨大浪费。孩子的潜能开发也要依据一定的科学方法,这样才能充分地发挥出孩子的潜能,有利于将来的学习和生活。

儿童教育专家根据对儿童大脑潜能的研究,已经探索出一些行之有效的科学方法,以下做一些介绍:

1. 用听力激发孩子的脑力潜能

听力和脑能两者的关系是:听力是获取脑能的声道系统。听力,同样也能改善孩子的大脑,使脑能产生增智的效果。

据科学测算,孩子听来的信息量——通过家庭、讲座、交谈、广播、电视、录音带等,一般是阅读的三倍。显然,孩子不能把精力全部用于提高阅读能力。如果把同样多的精力用于提高听力,那可能使孩子的脑能成倍增长,达到300%。

父母可有意识地去培养孩子聆听方面的潜能。比如当走在一条喧哗的街道上时,先教孩子去聆听行人的脚步声,接着是听行人的说话声,然后听汽车的喇叭声,最后再听各种不同汽车的声音。这种"选择式"的聆听训练,有助孩子避开噪音的干扰,提高聆听时的专注能力。

第6章
追根求底，把孩子的学习潜力开发出来

如果孩子对聆听的事物没有兴趣，而又必须聆听，则最容易感到沉闷，其结果是，孩子的心思很可能转移到他感兴趣的东西上去，将刚听过的东西忘得一干二净。针对这种情况，父母可引用一套很有效的技巧：尝试做一个极端挑剔的聆听者。

科学研究发现，当孩子对别人的演讲深感兴趣的时候，他会身体前倾，竖起耳朵，细心聆听。所以，当要他聆听沉闷的东西时，也让他前倾身体，竖起耳朵，尝试着去找出对方说话的破绽或不合理之处吧！这样，孩子的精神便可即时收取所有听到的资料，并且能达到高度理解和保持长久记忆。

父母可以训练孩子把这种"挑剔"的聆听技巧用到课堂上去。老师也只是普通人，他所说的话亦不可能百分之百正确。所以，让孩子听课时，不要太被动，要抱一种积极的怀疑态度。

2. 用眼力激发孩子的脑力潜能

"用眼睛开发脑能"，实际上就是希望孩子善于用眼睛摄取脑能所产生的成分。

科学家已经弄清每只眼睛有1亿多个光接收器。每个光接收器每秒钟至少可吸收5个光子（光能量数），可区分一千多万种颜色。通过协调动作，超级光接收器可以在不到一秒钟的时间内，以超级图像精度对一幅含有10亿信息的景物进行解码。

人的瞳孔会根据光的强度和物质的远近来调整其大小。光越强、物体越近，瞳孔就越小。而且，瞳孔的大小也会随着感情而变化，当迎面看见特别感兴趣的事物（如一群具有吸引力的异性）时，瞳孔就会自然增大。这一点多年以前便被珠宝商加以利用。当把珠宝拿出来给顾

客看时,珠宝商就特别注意地观察顾客的眼睛。当看到其瞳孔增大之后,珠宝商就知道顾客对所出示的珠宝极感兴趣,然后就往高要价。

快速阅读时,如果对某些东西感兴趣的话,瞳孔就会扩大,以便让更多的光进入。换句话说,兴趣越大,瞳孔就会越扩大,以便让更多的光进来,使它本身在不花费额外力气的情况下就可接收更多的信息。因此,父母们应充分利用这一原则,给孩子提供他们感兴趣的阅读材料,以便孩子在最短的时间内接受最多的知识。

3. 用注意力激发孩子的脑力潜能

进行脑能聚集,首先要集中注意力。父母们也许不会相信,孩子只需要有意地把注意力集中于自己要阅读的材料,就能使自己的脑能阅读速度和脑能理解程度提高好几倍。这一点已被严谨的科学研究所证实。

脑能阅读指导专家诺曼·路易斯出版发行了一本叫作《如何更好更快地脑能阅读》的书。在这本具有极高教育价值的书里,他阐述了注意力与脑能阅读速度之间的密切联系。在成人脑能阅读实验室进行的一项实验中,路易斯让自愿参加实验的人以平常的脑能阅读速度读一篇短文。他在实验室里营造了舒适的、有助于人们放松的情境和气氛,然后要求这些志愿者按照他们在家阅读的速度阅读这篇短文。唯一的条件是:他们必须逐句逐字阅读并理解短文的意思。读完后,路易斯记录下每个人所用的脑能阅读时间,并对他们理解的程度加以检测。

第二天,路易斯又让这些志愿者阅读另一篇长度一样的文章。这一次,他要求他们尽快读完。同样,唯一的条件是:他们必须逐字逐句地阅读，但并不要求他们都理解。读完后，路易斯再一次记录下每个人的脑能阅读速度，并检测了他们对文章理解的情况。实验结果是：多数志愿者的脑能阅读速度提高了25%～50%，而他们对文章的理解丝毫没有降低，这为证明集中注意力的作用提供了非常有力的证明。

4. 用强化阅读法使孩子的脑能爆发

大量事实表明，重复阅读可以复制脑能。只有对阅读进行不断强化，才能使脑能潜力不断提高。

5. 通过观察力激发孩子的脑力潜能

当一个婴儿刚诞生的时候，他所见到的，只是一大片混沌的光芒。在出生的头几个星期里，他的大脑开始试图理解周围的环境，理解周围东西的相互关系。大脑能做到这点，是靠着将重要的资料储存，并不停地查证，直至物体与环境之间的关系清楚建立为止。

为此，你可对孩子做以下的训练：随时随地教孩子留心周围的环境，细心观察事物的不同方面，如周围人的面部特征、衣着颜色、动作、姿势等；或是房间的布置，墙、地板、天花板的颜色等。在这些练习中，尝试将孩子的焦点不断转移，以尽量找出一件完整东西的不同部分。

以上训练还可这样进行：先细心观察眼前的事物，接着闭上眼睛，在脑际重现该件东西；然后睁开眼，查证实物与脑海影像的分别；再合眼，在脑海里做出修正，如此类推，直至观察到的影像与脑海里的一样为止。这个附加练习，不仅可训练观察力，还可以开发右脑的创作潜能。

开发孩子的记忆力

记忆力是一个人大脑潜能的重要组成部分,它是其他一切能力的基础。较强的记忆力完全可以通过后天的努力,通过刻苦的训练而获得,这里有例为证。

美国 65 岁的佛尔登夫人,因为记忆力衰弱连自己孙子的名字都无法全部记得。为了提高记忆能力,她参加了美国威廉哈姆·汉森举办的讲座。才入学时,因为年龄大,她时常感叹记忆力越来越不好。

可是,当她只听了一小时的汉森先生的记忆讲座,学了一种叫作"脸孔和名字的记忆方法"的课以后,她的记忆力发生了奇迹般的变化。在上完课的隔天,她就以非正式会员的身份出席了一个女人俱乐部的聚会。由于是非正式的会员,大家对她而言几乎都是陌生人。她决定试试在讲座上学到的记忆方法。她进入会场以后,她的朋友将出席的人一一介绍给她认识,这一次见面的人数高达 43 人。

突然,俱乐部干事走到佛尔登夫人身边,要求她给大家讲一讲她感兴趣的事。佛尔登夫人既喜又忧,喜的是有发表讲话的机会,忧的是如果自己记不住东西,说得丢三落四怎么办?幸好,她讲的过程中没有出现这样的问题。她话一讲完,马上就有许多人向她提出许多问题问她。

这时,连佛尔登夫人自己也没有发觉,她竟能一一指出了发问者的名字并回答她们的问题。这些人都是一小时之前才刚刚认识的,但她却能够记得她们的名字及脸孔。

佛尔登夫人的事例说明,记忆的潜质虽然是固定的,但却是可以开发的,记忆方法是可以学到的,记忆能力是可以提高的。

怎样开发孩子的记忆力呢?无数事实证明,只要孩子感兴趣的东西,孩子就能够把它们很好地记住。关于培养孩子的记忆力,一位母亲这样说:当我的孩子1岁多的时候,为了对她进行语言训练,发展她的智力,我们开始教她念儿歌。那本儿歌集,一边是画,一边是字,先看画讲画,再一句一句教她儿歌。很浅显,很形象,很有趣,都是幼儿能够理解、能够接受的东西,因此,孩子对此很有兴趣……我们教她读古诗,是在她会背许多儿歌以及对背诗有了浓厚兴趣的时候,那时她5岁。我们从古诗中选择浅显易懂、富有儿童情趣的风景诗讲给她听,教给她念,什么"儿童急走追黄蝶,飞入菜花无处寻";什么"沙土儿童临水立,戏将萍叶饲新鹅";什么"小荷才露尖尖角,早有蜻蜓立上头"……这些古诗中的儿童、蝴蝶、鹅、蜻蜓等事物,一下子就把孩子吸引住了,引起她无穷的兴趣。因为容易懂,又有意思,所以,她很容易地就记住了,而且不会忘记。这样,越积累越多,理解接受的能力也就越来越强了,对学诗的兴趣就越来越浓厚。识字以后,不用父母督促,她就自己去找诗读了。

这位母亲教育孩子的故事,揭示了这样一个规律:"兴趣→容易记住(记忆)→越积越多→变得聪明。"

在这一规律中,记忆起着关键的作用,它是桥梁。

在这里，我们更可以看出，兴趣是记忆的基础。没有兴趣，孩子也不会去记忆，记忆力就不可能提高。

因此，要想提高记忆能力，必须从培养兴趣入手。

关于记忆方法，各种关于记忆的书上讲得很多，其中最突出的一种是奇特形象记忆法，又叫作新奇形象记忆法。

这种记忆法的关键所在就是使用一些新鲜、生动的，甚至是稀奇古怪，或荒诞的形象，从而使要记忆的东西被深刻地记住。

比如，在20世纪80年代初，国外市场关于强力胶的产品五花八门，多得不可胜数，竞争之激烈可想而知。怎么能在强手如林中出人头地，给每一个人留下深刻的印象呢？法国有一家公司想出一个绝招。这家公司做了一块大木牌，木牌朝下，在木牌上点了两点强力胶，把一个人的双脚粘在木牌上，倒挂了十秒钟。这一招的录像在电视里播放以后，这家公司的强力胶很快售出50万支，订单像雪片一样飞来。受这家公司的启发，另一家公司更青出于蓝而胜于蓝，它在汽车轮胎上点上四个点，居然把汽车紧紧地粘在了墙上而不掉下来，受欢迎的效果更是比前面所说的那家公司更胜一筹。

像这样一种利用一定的奇特形象来进行宣传，以增强人们记忆效果的做法，就是奇特形象记忆法的具体运用。

第6章
追根求底，把孩子的学习潜力开发出来

开发孩子的观察力

孩子在天生的好奇心支配下，观察力常常是敏锐的，他们喜欢接近与观察新鲜事物。孩子的生活范围如果过于狭窄，成天被关在单元房里，埋首于教科书中，会使孩子的观察受到局限。为了鼓励孩子勤于观察，家长在条件许可的情况下，最好多带孩子到大自然中去。动物园、植物园、森林、海滨公园等，这些都是孩子爱去的地方。父母也可以带孩子去博物馆、画展及其他艺术展、科技展参观，以便扩大孩子们的眼界，让他们尽情地去观察丰富多彩的外部世界。

著名哲学家黑格尔认为，训练人们精细的观察力的最好方法，是教他们在万事万物中寻求事物的"异中之同，或同中之异"。他说："如果一个人能看出显而易见的差别，那并不表示这个人有什么特殊才能。如果看出一只猪与一头骆驼不同，不会有人因此说这个人很聪明。同样一个人能看到两样相近的东西，如骡子和马，或寺院与教堂，有相近之处，也并不表示他有多少才能。不容易的是要能看出异中之同，能分辨出同中之异。"许多知名学者、文人、艺术家，在实践中也证明了黑格尔的见解。

因此，在鼓励孩子勤于观察的同时，父母还要教会孩子善于观察。为了锻炼孩子的观察力，父母不仅要引导孩子多看周围的事物，仔细观察客观世界，还要教会孩子用比较的方式，去寻找，去发现相似事物间的区别与差异；去研究，去找出不同事物间的共同点。

在这方面，父母只要留心，教孩子学会比较的场合和机会是很多的。例如到公园里，有许多相似的树木，你可以让孩子找找有几个不同的品种；到了动物园，你可以让孩子比较一下猴子与猩猩有什么相同和不同之处；到花园玩，你可以让孩子辨认花丛中有多少种花，有几种颜色，它们的香味又有什么不同。这些都可以提示孩子进行仔细的观察。在动物中，猫和狗，鸡和鸭的相同与不同之处，也一样可以进行比较。在孩子们明白了猫狗都有四只脚，鸡鸭只有两只脚等表面的差异后，再引导他们进一步仔细观察各种动物的神态、习性等特征，使孩子对这些动物有更深一层的了解。

父母可在观察基础上，再让孩子把这些小动物的模样、特点，用他自己的方式表达出来，可以是栩栩如生地画出来，也可以生动形象地描写出来，也可以绘声绘色地讲给小朋友听。这样可让孩子在兴趣盎然的游玩中，既增长了见识和知识，也提高了观察能力和表达能力。

上面讲了观察力对于提高孩子学习能力的重要性，那么，家长要怎样才能开发孩子这方面的潜力，促进学习能力的提高呢？

1.情景训练，就是创造一个情景，通过对情景的观察辨别，达到开发孩子观察力的目的。

有一次，国际心理学会议正在某大厅举行，突然从外面冲进一个农民模样的人，后面追着一个手中挥舞着东西的黑人。两个人在会场中追逐着，紧接着，两人又一起冲出门去。事情发生的时间前后不过二十秒钟。

与会者尚在惊愕之中,会议主席却笑嘻嘻地请所有与会者写下他们目击的经过。原来这是一位心理学教授做的实验。

在上交的40篇报告中,没有一个人的记录是完全正确的。虽然每个人都注意到两人之中有一个是黑人,然而40人中只有4人的报告说黑人是光头,符合事实。其中有的说他戴了一顶便帽,有些甚至说他戴了一顶高帽子。关于他的衣服,虽然大多数人都说他穿一件短衣,但有人说是有条纹的。而事实上,他穿的是一条白裤子、一件黑短衫,系一条大而红的领带。

这就是情景训练,在这个训练中,可以培养一个人敏锐的观察力。

2.图形训练,就是利用对图形的辨别开发孩子的观察能力。

比如,可用两张纸在上面画两幅图,一张纸上有20件餐具,另一张纸上只有19件餐具,叫被训练的人在一分钟之内找出少了哪一件餐具。

3.文字训练,就是通过文字对食物的描述,来开发孩子的观察能力。

宋代大文学家苏东坡,博学多才,且风趣。当时北朝有位使者,自以为很懂诗,骄傲自大,目中无人。苏东坡就写了一首《晚眺》的诗,有意为难他。这首诗只有12个字:

亭景画　老拖筇　首云暮　江蘸峰

北朝使者看了以后,极为惶惑,说:"实在太深奥难懂了,我今后再也不敢言诗啦!"

为什么北朝使者看不懂呢？原来他不懂当时由苏东坡首创而十分流行的一种"神智体"的诗。"神智体"的诗是不把诗句写出来，而是"以意写图，令人自悟"，其实是一种诗谜。这12个字的谜底实是一首七言绝句，应这样读：长亭短景无人画，老人横拖瘦竹筇（竹筇：手杖）。回首断云斜日暮，曲江倒蘸侧山峰。

开发孩子的想象力

想象力，是指将未实际经历过的事物，或并无关联的事物，经过新的配合而创造出新形象的能力。人们通过对大脑中事先存留的印象、回忆、想象，创造出具体的物品，活用到实际生活中，就是创造、发明。人类的一切进步都离不开创造和发明，但要培养创造力，前提是必须要有丰富的想象力。

我们认为，想象力是组成创新的重要因素。因为借助于想象，我们不仅可以回溯过去，展望未来，还可以认识无法直接感知的事物，使人的认识扩展到未知的宏观世界和微观世界，更可以依靠想象力，创造出新的奇妙的改造客观世界的办法来。爱因斯坦曾说："想象力比知识更重要，因为知识是有限的，而想象力概括着世界上的一切，推动着进步，并且是知识进化的源泉。"

相比于成人，孩子往往更具有想象力。他们的许多想象甚至有点异想天开。"异想天开"多带有贬义。其实，"异想天开"也是一种能力，是一种非常可贵的想象力。人类发展的历程表明：没有"异想天

第6章
追根求底，把孩子的学习潜力开发出来

开"，便没有人类社会的进步。许多古人"异想天开"的事，经过科学家们不断地探索与研究，在今天都变成了现实。

能够像鸟儿一样飞上天空一直是人们千百年来的渴望，美国人莱特兄弟在1903年用自己发明的飞机飞上蓝天，实现了人类这一伟大的梦想。在童年时代，他们就充满着飞翔的幻想，父亲给他们买过一架玩具飞机，这架玩具飞机，他们玩得如醉如痴，也引起了他们对飞翔的好奇心。兄弟俩经常对着它研究、讨论，幻想着将来长大了，要做一架真正的大飞机。

从此，对飞翔的好奇心开始成为他们生活的一部分。他们常常在一座偏僻的荒山上，仰卧岩石之上，目不转睛地望着天空中飞翔的雄鹰，仔细观察它们怎样起飞，怎样盘旋，怎样扑向猎物，怎样直入云头。他们看得那么入迷，直到天黑了，才揉揉疲惫的双眼，踏上回家的路。就这样，兄弟俩对飞翔的好奇激发起对飞翔的想象，而好奇又使得他们为实现自己的想象而努力。

从某种意义上说，任何一项有价值的科技成果，其实都是由于好奇心而产生一个新的创意或理论框架，然后用实证使其成为一个有意义的科技成果，这是科技进步的一个基本原则。

孩子的"异想天开"体现了孩子独特而丰富的想象力，父母的正确引导和鼓励，将成为每一位"异想天开"的孩子攀登科学高峰的阶梯。

爱因斯坦说："我没有特别的天赋，我只有强烈的好奇心。"科学

家们尚且会"异想天开",更别说孩子了。所以,当你的孩子有奇特的想法时,请不要责备他们"胡思乱想",而应当给他们以适当的鼓励和引导。

"一条直线,不把它剪断、折叠、遮挡,用什么方法可以使它变短呢?"

正当大家抓耳挠腮地不知道如何回答这道题时,一个孩子突然叫道:"在它旁边画一条比它长的线!"

主持人立刻高兴地说:"对!假如我们在它的旁边画一条比它长的线,原来的线就显得短了。"

这个答案很妙,但一般人是想象不到的。这就是发挥想象力的结果。如果不发挥想象力,怎么能在不动第一条线的情况下,想出出人意料的结果——第二条线来呢?

这个故事说明了孩子的想象力极其惊人,那么家长应该怎么帮孩子开发想象力呢?

增长孩子的见识。见多才能识广,因为如果大脑里没有大量的实际经验、知识信息储存,不见多识广,想象就无法萌生。

想象是这样一种过程:触发物—联想—检验。触发物是想象产生的基础,没有触发物,想象如同鸟缺少了翅膀,无论如何是飞不起来的,当然也就不会产生什么联想的结果。只有知识丰富,见识广博,通过想象,才能创造出许多有益于人类的东西。

掌握联想的方法。联想的方法并不是一个人天生就有的,而是人在不断的社会实践中逐步掌握的。

年近50岁的美国商人吉列在刮胡子时不小心刮破了脸,他由此想到,如果能够发明一种不会刮破脸皮的剃刀那该多好,于是他决心要发明一种安全剃刀,但长期苦思冥想也不能解决。

一天,在理发时,他看到理发师修剪头发时用梳子插进头发,然后用剪子剪去冒出梳齿的头发。于是他就从这一情景出发,将刀片与梳子结合起来,经过反复实验,终于发明了安全剃刀。

父母在开发孩子的想象力时,可运用联想训练法。所谓联想训练法就是把两个不相关的概念,经过几步联想把它们连接起来。

如,"木头"和"皮球"。可以这样联想:木头—树木—学校—操场—皮球。又如,"天空"和"茶"。可以这样联想:天空—土地—茶树—茶。

通过这样的训练,孩子的联想能力就会得到发展,想象力也就会丰富起来。有了丰富的想象力,孩子写起作文来就会文思泉涌,甚至可能成为未来的发明家。

开发孩子的思维力

思维力就是运用头脑对事物的表象进行思考、分析、推理,发现其中的内在联系的能力。思维是一种高级的智力活动。心理学上把思维能力分为:形象思维力、抽象思维力和灵感思维力。

其中,形象思维力是指以具体的形象来进行思维的能力,被广泛运用于雕塑、绘画等方面。抽象思维力主要是指逻辑推理能力,逻辑推理能力是从前提得出结论的能力。灵感思维力是一种引发灵感的思维能力。

那么,怎样才能增强思维,开发出其中的潜力呢?

1. 突破思维定式

所谓突破思维定式,就是突破常规思维模式。用常规的思维模式进行思维,就是在思维定式之内进行思维,就只能处理一般的日常生活中的事务,碰到复杂的问题,就束手无策,无能为力了。思维定式束缚人们的思维,使思维在老路上行走,压抑思维的积极性、主动性。只有打破思维定式,思维才能活跃起来,才能取得出人意料的效果。

怎样才能突破思维定式呢?这就需要强化思维的灵活性。

某个公司为了采光在屋顶上装了玻璃天窗。天长日久玻璃沾上灰尘,室内自然变暗了,需要加以清洗。可是清洗费用很高,需要想个办法降低这项费用。公司经理一提出这事,所有员工都拼命动脑筋出主意。有的说利用自动喷水器去冲洗,有的说利用电气装置把天窗卸下来……

这时,只听到一个人说:"不用去管天窗了。在各个工作岗位上安装日光灯,这样要便宜得多。"经理一听有道理,把费用一核计之后,果然如此,据说后来他们就不再洗天窗,全都装上了日光灯。

在这个事例中,不论是用自动喷水器去冲洗,还是把天窗卸下来冲洗都不行,成本太高。而另一个善动脑筋的人却不拘泥于常规办法,从与众不同的角度去思考,轻松解决了问题。这就是思维的灵活性。

2. 掌握科学的思维方法

思维方法的种类很多,但不外乎形象和抽象两大类。两者合起来,共有如下几种方法:演绎推理法;归纳推理法;类比推理法;证明思维法;图形思维法;模拟思维法。

如果父母教孩子掌握了这些思维方法,对于开发孩子的思维潜力大有益处。钥匙能够开锁,思维方法能够解决难题。能够解决难题的孩子,就是一个聪明的人。

开发孩子的创造力

创造力就是发明创造的能力。创造力也是能够创新的重要因素，没有创造力的人是不可能进行创新的。

一个星期日，几个同学在郊外野炊，需要买点香油和醋，但他们只带了一个空瓶子。怎么办？东东想了想，主动承担了任务，骑上自行车去了。东东买回来大家一瞧，不禁吃了一惊，原来他把香油和醋都混装在一个瓶子里了。有的同学埋怨东东不会办事，油和醋装在一起，用的时候怎么分开呢？

东东胸有成竹地说："有办法分开，请看！"他把瓶子举起来，瓶子里的油和醋分成上下两层，界限分明。东东得意地说："醋比油的密度大，醋在下面，油在上面，不会混合。"

掌勺的姗姗说："要用香油还好办，油在上面容易倒出来，可我现在需要用醋怎么办？总不能先把香油用完了再用醋吧？"东东微微一笑说："这好办！"说完，用他的办法果然先倒出了醋。

原来他用瓶塞把瓶子塞紧，把瓶子倒过来，瓶子下层是醋，上层是油。停了一会儿，他轻轻松开瓶塞，醋就顺着瓶塞的缝隙流了出来。

同学们都夸东东能创新。那么，东东为什么能创新呢？因为他熟练地掌握了一定的化学知识，他才能在仅有一只瓶子的情况下装两种液体：油和醋。如果他不掌握足够的化学知识，那他就不可能在这件事上创新。

第6章
追根求底,把孩子的学习潜力开发出来

一个人,只有拥有了创造性的思维,才能创造发明出这个世界上没有的东西。

比如,人们过去以为,房屋都是固定不动的,但是现在早已有人想出一套办法,能够把高楼大厦"平移"到另一个地方去。这种方法在现实生活中具有很大的作用。

比如,科学家们运用创造性思维,建议把地球上的种子带到太空去接受辐射,有可能产生一些令人意想不到的结果。

按照这种思维进行实验,"太空种子"果然产量比普通种子大很多。我国科学工作者已经成功地把蔬菜种子带上太空。在太空中遨游之后又返回地面,这些"太空种子"在一些示范农田里生根发芽,结出与众不同的硕果。

创造力并不是科学家所独有,每个成人以及稍微懂事的孩子都具备这方面的潜力,只要肯去发掘、善于发掘,都能够创造出新东西来。

来自深圳实验学校的17岁高二男生马启程在第52届国际科学及工程博览会上,凭借自己的一项发明"脚用鼠标",荣获个人项目大奖二等奖,以及美国国家航空航天局外国孩子专项奖和美国费城德雷克斯大学科学学位7.3万美元的全额奖学金,获得此项奖学金的非美国孩子只有4名。马启程是中国唯一获此殊荣的孩子。

家长要怎样才能帮助孩子提高创造力呢?

1. 要让孩子拥有扎实的基础知识

1984年,第一个进入国际象棋特级大师行列的中国人刘适兰参加了在菲律宾举行的国际象棋世界冠军赛比赛。意外的是,英国一家电

子公司为了显示其电脑系列产品的实力，居然征得比赛组织委员会的同意，由电脑遥控的机器人摆擂台，与大师们对弈。

机器人"棋手"果然身手不凡，三名特级大师上台，虽有一番激战，却一个个败下阵来。

刘适兰是个细心、机智、善于动脑筋的人，她全神贯注地观看了这三场激战的全过程，终于有所领悟，于是，从容上台对阵。

刘适兰胸有成竹，主动出击，没走了几步，机器人变得无所适从，嗡嗡乱叫起来，仅仅花了6分钟，机器人一方的国王在荧光屏上直打转，随即显示出了英语"投降"的大字。这时全场轰动。

刘适兰是怎样打败机器人的呢？

原来，刘适兰对机器人的知识比较熟悉，她知道这机器人虽然每秒钟可运算上百万次，但只是按事先输入的最佳对局棋谱机械地下棋罢了。如果一反常态，不按一般棋谱下棋，就可以打乱其阵脚。于是，她摒弃了一般棋谱的规律，反其道而行之，打乱了电脑的程序，煞是厉害的机器"棋手"只好认输。

2. 要努力提高孩子的问题意识

所谓问题意识，就是发现问题的敏感意识，就是在一般人不能看出问题的地方看出问题的能力。爱因斯坦曾说："提出一个问题往往比解决一个问题更重要。因为解决问题也许仅是一个数学上的或实验上的技巧而已，而提出新的问题，从新的角度去看旧的问题，却需要有创造性的想象力，这标志着科学的真正进步。"

3. 要积累丰富的经验

创造没有经验是不行的，只有在丰富的经验的基础上才能结出丰硕的创造之果，这是一条重要的创造学上的规律。

4. 要学习和掌握一些创造发明的方法

创造能力的培养不仅要掌握一定的原则，而且要掌握一定的方法。经过无数心理学家的研究和总结，大家得出了共同认可的几个创造技法，一般是指"脑轰法""原型启发法""核对法"和"综摄法"。

脑轰法也叫头脑风暴法，简单地说就是许多人在一块儿共同思考和交流，以便在短时间内激发人的创造灵感，找到创造方法和途径。

原型启发法是指研究者从其他事物中受到刺激、影响，从中得到解决问题的启示。

核对法就是把需要解决的各相关因素列成表，然后一个个地核对讨论，以触发思维，寻求解决问题的途径和方法。

综摄法是一种从已知推向未知的创造方法。综摄法有两种，一种是运用熟悉的方法处理新问题，一种是以新方法处理比较熟悉的问题，我们把这两种方法分别叫作"异质同化"和"同质异化"。

< 第7章 >

固本培元，
培养孩子的独立学习能力

独立自主是学习能力的基础

学习能力实际上是一种学习的主动性,是主动地去接受知识,否则,就用不着去学,开一辆车去让别人给装满知识拉回自己头脑这座仓库就行了。这当然是不行的。

孩子去听老师讲课,坐在那里被动地接受知识,实际上这只是学习的一小部分,更多的时候,如预习、复习、查参考资料等,都是一些主动的活动,都是一些独立自主的学习。因此说孩子的学习活动从某种意义上说是主动的独立活动,孩子的学习能力也是一种主动的独立活动的能力。这种能力皆源于孩子的独立自主性。

现在的孩子,物质生活大都比较丰富,文化生活也比以前丰富了许多,所缺少的就是独立自主的精神。

独立性是人的心理特征,它是靠引导、培养、锻炼、环境造就和内化而形成的。因此,要培养孩子的学习能力,首先要培养孩子的独立性。

培养孩子学习的独立性可以从下列几个方面来进行。

1. 为你的孩子安排独立做的事情

培养孩子独立安排、设计、规划学习和日常生活的能力。

学习和日常生活是孩子们的主要活动内容,对孩子要适当地提出要求,让其为自己做出计划和打算,家长或老师帮助孩子并提出建议,鼓励孩子付诸实施。

第7章 固本培元，培养孩子的独立学习能力

2. 让你的孩子放手去做

对于孩子的活动，要多指导、少干预，注重良好习惯的养成，包括孩子家长、隔代老人、教师，在孩子教育过程中绝不要干预太多，替孩子做事（比如有的家长会代孩子做作业）。要做到适时适度的指导是要动脑筋花力气的。

习惯的养成关键在父母，在孩子成长的关键期内所形成的良好习惯会使孩子受益终身。

3. 帮助孩子树立自信心和凡事靠自己的信念

教育孩子一定要相信只要自己付出了努力，就能创造出奇迹，任何时候正确地估计和认识自己都是非常重要的，把自己的命运交给他人，结果将会一事无成。

4. 培养孩子具有多渠道获取各种信息的能力

要保证活动能够独立完成，一定要有足够的信息。培养孩子自己去获取各种有用信息的能力很重要，这种能力培养起来之后，不管是以后的升学、求职、就业还是谋求事业的发展，孩子都具备获取、分析和使用信息的能力，而完全可以丢掉父母和老师这些拐杖。

5. 培养孩子的决策能力

正确而果断的决策是独立性的行动基础，没有果断的决策，就没有及时的行动。孩子如果缺乏决策能力，即使是在考试中选择一个选项也会费半天时间而委决不下。

教育孩子习惯于自己做出选择，错误决策、盲目决策、优柔寡断和无所适从，都不会有好的结果。

6. 让孩子具备正确评价自己活动结果的能力

正确地评价活动结果，检查、总结活动的成败得失，是一个人的学习和工作业绩以及社会活动效益的重要反馈，这也是下一步活动和成功的基础。

父母培养孩子这方面的能力，可以从独立地检查作业，主动地发现和改正错误做起。

教孩子安排自己的学习时间

孩子依据个人喜好订立的时间表，在时间安排上比较灵活、宽松，那么他自然会比较主动地按时间表做，当他管不住自己的时候，遇到家长提醒，也不会起逆反之心，学习起来自然效果也就会好得多。

父母在教孩子安排自己的学习时间时，要充分考虑以下三个方面的因素。

1. 如何有效地利用时间

所谓有效地利用时间，就是杜绝浪费时间。在学习过程中，孩子浪费时间的现象非常严重，也很普遍。正像有一首校园歌曲中唱的："总是要等到放学以后，才知道功课只做了一点点；总是要等到考试前，才知道该念的书都还没有念……"

孩子在学校学习时浪费时间的原因主要有：无目的地瞎看书、聊天，没有节制地玩或看不必要的东西等。在家学习时浪费时间的原因

第7章
固本培元，培养孩子的独立学习能力

主要有：坐一会儿、站一会儿，心神不定；找东西，在笔记本上乱写乱画；被电视机、收音机的节目分了心，被别人的活动分了心；打闹说笑，想睡觉等。

这些都是时间的"杀手"，白白地浪费了孩子的时间。孩子要在学习上取得成功，安排自己的学习时间时，就必须下决心杜绝这种浪费，把时间充分利用在学习上。

2. 时间安排是否合理

孩子也许看过许多提高学习时间利用率的书，但可能不知道一天学习多少小时为好，是不是越多越好呢？还有，一天当中什么时候学习效果最好？下面我们将同家长一起来讨论这些问题。

(1) 学习时间的标准。关于学习时间的标准，要确切地说出一天或一周学习多少小时是很困难的。一个有好方法的人可能花很短的时间学习，效果却要比有些整天坐在桌前学习的人好得多。而且，一个人的身体情况、学习能力、将来的志愿等都会影响学习时间的长短。因此，在让孩子制订自己的学习时间标准时应当根据孩子的自身条件（如身体状况等）来安排。

(2) 学习的最佳时间。父母应该让孩子在一天中大脑最活跃的时候学习。专家研究表明：一天之中大脑功能最好的时候是刚睡醒以后3～4小时，也就是上午10～11点。这是一天中学习的黄金时间，要背要记要理解，效果都非常好。另外，下午2～3点是另一个高峰，这段时间，理解材料的效果最好。这两段时间恰是学校上课时间，因此，也可以说，学校上课时间就是最佳的学习时间。对于中小孩子来说，晚上8～9点是学习的又一个黄金时间，这时人的大脑非常清楚，用来

复习一天所学，预习新课是最好不过的了。因此，父母在让孩子安排自己的学习时间时尽量同孩子达成协议，一定不能把黄金时间浪费了。

3. 制订专题学习计划

这是为了获得某种专门知识技术，或解决某个专门问题的学习计划。

如低年级孩子、中年级孩子参加某个科学小组或参加特长班学习而制订的学习计划，高年级孩子为研究某一个专题而制订的学习计划：要读什么书，参阅哪些资料，达到什么水平，学习时间多长等，都应当根据专题的性质和需要来考虑。

计划指标应订到经过自己的努力可以实现的程度上。这就要求计划必须切合实际。这里的"实际"包括：知识和能力的实际，是指每个阶段，究竟能够接受、消化多少知识，能够着重培养哪些能力；时间的实际，指在每个阶段，除去吃饭、睡眠、娱乐、休息、锻炼外，究竟有多少时间能用于学习；个人学习水平的实际；教学进度的实际，个人计划不能脱离老师的教学进度。

在让孩子制订学习时间表时，一定要注意长期、短期计划相结合。

长期计划是指在一个较长时间内应当达到的目标，它的第一步，是注重孩子内在的思想感情，而不是只关心他们表露在外面的不满与反抗。至于短期计划虽然只是每天的具体作息表，却也应当注重"模糊概念"，如避免具体规定每天几点几分该起床、睡觉，几点几分该吃饭、看电视、做作业，应当规定在几点前休息，几点至几点上床，作业一定要在看电视前完成，看电视的时间在多少时间内等等。过于死板的计划不但孩子难以办到，就是大人去执行这样的计划也会感到困难重重。

因此，只有制订有弹性，符合孩子生理习惯的时间表，才能帮孩子养成有规律的学习、生活习惯。

在父母的指导下，让孩子自己学会安排学习时间，是对孩子学习能力培养的一种很好的锻炼，对孩子有效合理地安排学习时间，具有不可轻视的作用。

养成良好的学习习惯

如果一个孩子养成了晨读习惯，每当早晨起床后，就会不假思索地拿起书本坐在一定位置上朗读起来。因此，学习习惯是一种比较巩固的动力定型。

孩子自觉地学习，及时预习、复习，上课注意力集中，笔记工整清楚，遇到问题积极思考等等都是学习的好习惯。良好的学习习惯，是学习活动顺利进行的保证。如果一个孩子没有养成良好的学习习惯，这个孩子的学习成绩一定不会好。著名教育家叶圣陶说过："中小学的根本任务就是培养孩子的良好习惯。"父母的重要任务之一是培养孩子良好的学习习惯，抑制和消除不良的学习习惯。

俗话说："江山易改，本性难移。"习惯一旦形成，就很难改变。心理学家曾经调查过从小学四年级到高中三年级孩子的学习习惯，调查表明，孩子随着年龄的增长，其学习习惯的表现得分并不增加。

从厌学到好学，从好学到学霸
—— 如何让孩子爱上学习

由此可见，学习习惯在小学阶段就形成了，以后如果不给予特别的教育，形成的习惯难有多大改变。因此，尽早培养孩子良好的学习习惯非常重要。孩子年龄越小，越容易养成良好的学习习惯，形成的良好习惯也越容易巩固下来。

不良的学习习惯发现得越早，就越容易纠正。孩子的不良习惯积累越多，越不容易建立良好的习惯，因为任何习惯都是比较牢固的神经联系，要想改变它，必须做出巨大的努力，花费很大的气力。例如，有的孩子形成上课不集中注意听讲的坏习惯，即使在教师的教诲下有了改正的决心，有时好了几天却又犯了。犯了又改，改了又犯，这需要长期的意志锻炼，有时是非常痛苦的。如果父母认为孩子还小，不懂事，长大就懂事了，于是对孩子放纵一些，到了高年级想再培养孩子学习习惯就难了。

林强是第27届国际奥林匹克数学竞赛获奖者。

临上学的前一年，林强在父亲的指导下学习数学，父亲每天出二三十道加减法的题让他做，他总是提前完成。

上学后，在老师布置的家庭作业之外，父亲仍给他留一定数量的练习题，他也都按时完成。日复一日，年复一年，从小学一年级到初中三年级的9年时间里，他共做了105本练习题！

林强最初学习数学仅仅是为了使父亲高兴。但是在做练习题的过程中，他逐渐爱上了数学。在这105本练习题中，他几乎什么样的题目都遇上过。有时，为了一个证明，他要查找许多书籍；有时为了解开一个题，他走路、乘车、吃饭都在思考。平时，凡与数学有关的事

第7章
固本培元，培养孩子的独立学习能力

物，他都极感兴趣，对数学简直像着魔了。他有个"数学集萃"的本子，每做完一道难度大或有特色的题，都当作自己的成果一样记录在上面。

在集训班的时候，他有一次解题，一连几遍都没有解出来，这在他的记忆里还是少有的。于是，他的犟劲儿上来了，又从各个角度进攻，一共解了10遍。结果发现，是他把题中的一个数字看错了。发现错误之后，他很快把这道题解出来了。

从林强的事例可以看出，所谓良好的学习习惯，主要有：定时定量完成学习任务（林强是完成数学习题）；在学习时能刻苦钻研，不达目的，誓不罢休。

习惯是一种了不起的力量，好的学习习惯养成了，学习兴趣也就有了。所以，我们提倡养成良好的学习习惯。

要使孩子养成良好的学习习惯，并不是轻而易举的，父母应在掌握学习习惯形成的过程与心理规律的基础上，做耐心细致的工作。

首先，必须向孩子讲明养成良好习惯对学习的重要性，指出要养成这些良好学习习惯，必须克服哪些毛病，让孩子心中有数，做起来能联系自己的实际落到实处。

其次，要根据孩子的实际情况，逐步提出要求。良好的学习习惯不能一朝一夕养成，不可能在短时间内一下子统统形成。要区分主次、难易，从孩子的实际出发，逐步提出具体的切实可行的要求，有计划地逐步扩展。

再次，要指导具体的学习方法。为了使孩子养成良好的学习习惯，必须加以指导。例如，为了培养孩子阅读现代文的好习惯，把比较科学的读书步骤编成"看、查、画、读、摘、想、记"的七字诀，要孩子熟记并照着去做，然后及时督促、检查，这样便会逐渐使孩子形成良好的读书习惯。

另外，良好学习习惯的形成，要靠孩子多次反复实践，必须有一定的时间来巩固。这就需要老师在课堂上加强指导，并进行及时检查和督促。父母更是责无旁贷。经过课内若干时间的练习，孩子良好的学习习惯初步形成后，再逐渐由课内向课外发展，良好的学习习惯就会巩固下来。

实践证明，养成良好的学习习惯，对培养孩子的学习能力是非常重要的，也会使他们终身受益。

培养孩子的自学能力

在当今知识爆炸的年代，一个人要想不被时代所淘汰，不仅要掌握一定的专业知识，还必须有自我更新知识结构的能力。所以，我们在给孩子传授知识的同时，还要给孩子一把打开智慧宝库的钥匙，即不断吸收新知识的能力。

自学便是这样一把钥匙，是学习的一种基本形式，它不仅是孩子在校期间获取知识的重要途径，也是孩子提高学历层次的主要渠道，还是孩子走向社会后进一步获取知识的主要手段。

自学能力强的孩子和自学能力较差的孩子相比，学习的效果是大

第7章
固本培元,培养孩子的独立学习能力

不一样的。

著名数学家高斯在读小学的时候,有一次算术老师在黑板上写了个算术题:

$1+2+3+\cdots+100=?$

写完后对同学们说:"看谁能把从1加2加3,一直加到100的和算出来?"

"老师,我算出来了!"老师刚一坐下没多久,小高斯就把写在小石板上的"5050"的得数递上去。

老师看了得数后大吃一惊!他揉了揉眼睛说:"这是你算出来的吗?你是怎样算的?怎么算得这样快?"这位老师看了这个正确的答案后,显然是不敢相信自己的眼睛了,他要小高斯再算一遍。

原来,小高斯不是按照1、2、3的次序往上一个数一个数相加的。他发现一头一尾两个数依次相加的和都是一样的。如:1+100是101,2+99也是101,直到50+51还是101。这样,一共有50个101了。如果用50×101,得数当然就会是"5050"了。

老师听了高斯的解释非常高兴,把小高斯大大地夸奖了一番,鼓励他好好学习,还经常买些数学书籍送给他。

高斯平时的自学能力显然比其他同学强得多,所以结果也截然不同。由此说明,提高孩子自学的能力十分重要。

在学校学习知识的同时,我们必须让孩子掌握独立学习的方法,学会课余时间不断地充实自己。

对于渴望成才的孩子来说,在认清学习生活特点的同时,还应把握自学的一般特征,以便更好地坚持自学,达到学习目标。

在课堂学习中,孩子具有明显的被动性,他会受到学校、教师、教材、课堂等方面的约束。自学则不同,它是一种自觉又自主的行为,在学什么、怎样学、什么时间学等方面比较灵活,受到的具体约束少。自学中,孩子既处于学习的中心地位,也是学习的主导者。

孩子在享有充分的自主性、灵活性、选择性的情况下,必须加强学习的计划性。在确定好总体目的和整体计划的同时,对阶段性的学习目标和学习进度,要做到合理安排。

自学目标的确定或选择是自学成败的重要一环。毫无疑问,青年学生在确定自学目标时,首先,要考虑社会需要。社会需要是努力奋斗的动力,是自学活动具有突出价值的保证,自学目标符合社会需要也容易成功。其次,应把自学目标与自己的兴趣爱好、特长结合起来。兴趣是学习的先导,有了兴趣,学习才会全身心地投入,从而提高成才的可能性。第三,要弄清楚自己思维类型的优势所在。一般而言,形象思维占优势者,比较适合学文学、艺术类科目;抽象思维占优势者,比较适合学哲学、法律、理工一类科目;喜欢社交、乐于组织领导的人,比较适合学政治、管理类科目。

自学课程与书目的选择直接关系到自学目标的实际,因此,一定要慎重,要进行一些研究摸索,要尽量争取老师的指导。如果选定的自学目标与所学的专业一致的话,课程与书目的选择就不难了;如果有区别,选定课程与书目最简便的办法是请老师做指导。

在小学阶段,主要是培养和训练孩子良好的学习习惯,如读书、写字的姿势,课前预习、课后复习、按时完成作业等习惯。在中学阶段,父母就应让孩子根据自己的实际情况，有意识地选择一个感兴趣的方向作为主攻课程，通过突破一点来扩大战果。当然，也可以让孩子从喜欢的学科横向转移到邻近的学科，如爱学数学的可以延伸到力学。如果在若干学科知识基础上进行多方面的思考，选择一个综合性强的学科作为方向也无不可。

不论学什么学科，也不论学什么专业的孩子，都应精读、通读、必读或选读几本政治理论、哲学、文学、公共关系等人文科学类书籍；学文科的孩子应选读几本通俗易懂、质量较高的理工类书籍；非外语专业的孩子应选读一种外语教材和一两种外语课外读物，在学好一门外语的基础上，有能力的孩子可选学第二外语；非计算机专业的孩子应学会使用电脑。

让孩子学习制订学习规划

孩子在校时间是有限的，在有限的时间内，如何安排好各门功课的学习，安排好课堂学习和课外自学，安排好生活和娱乐，这是很重要的一件事。

首先，要让孩子制订好学习目标规划。学习目标应有长期目标和短期目标之分。所谓长期目标就是毕业时应达到的总体目标或总体水平，并据此对每个学年的学习任务做出统筹安排。所谓短期目标就是确定每个学期学习的具体目标和日程安排，规定每个月、每个星期甚至每日所要完成的学习任务。

其次，要做好日程安排。父母应让孩子根据学校作息时间、课程设置和自己的习惯等计算出每天可抽出的时间，再根据时间的多少安排自学任务，而且最好固定下来，以此形成习惯和规律。如果由于某件意外的事没有完成学习任务，应及时补上，否则，没有完成的任务日积月累，就会使计划落空。

最后，让孩子制订学习规划还应注意如下几点：一是留有余地。如果学习目标过高，就难以达到。目标达不到就会挫伤学习的积极性，甚至打乱全盘计划。二是应先易后难、循序渐进。这是学习的一般规律，如果连简单的知识都未掌握，就别指望去攻克难关。三是应遵循基础课—专业课—其他相关课程的学习规律。即在打好专业基础的条件下，再主攻专业方向，然后围绕专业方向拓展学习领域。

这里值得指出的是，学习日程安排好后，应严格按计划进行。基本做法是：一是把本学期的课表和学习计划、日程安排等放在一起，张贴在显眼处，以起到提示和警示作用。二是将本学期所要读的书，特别是必读教材和专著在学期开始时就准备好，其他必备的学习用具和学习资料也要提前准备好，以防时间的延误和浪费。三是在第一个学习日结束时应把第二天要读的书，要复习的内容和应处理的工作与杂务及时间的分配情况等写在记事本或学习日记本上，以便节约时间，使学习条理化。四是每个学期设计2~3个时段定时复习检测，对已学的内容通过回忆、复述、重做练习、重答思考题等方式检查自己是否真正完成了规定的学习任务。五是通过老师指导下的测验考试、期中和期末考试，检测自己学习计划完成与否以及完成效果的好坏。

父母应让孩子明白，学习的目的在于运用，运用又是检测学习效

第7章
固本培元,培养孩子的独立学习能力

果和实际能力的过程,反过来促进学习。因此,孩子应学会写读书心得,尝试做小科研、小发明,或尝试写小论文、分析报告和调查报告。开始的时候遇到困难是很正常的,应把困难作为深入学习和加倍努力的契机与动机。久而久之,孩子就会感受到自学所获得的巨大好处。

值得注意的是,由于年纪幼小的原因,父母在培养小学生的自学能力时常产生一些问题。在这里我们加以探讨。

现在许多家长,包括一些教师,并不明白在小学阶段,教孩子掌握学习方法是首要任务,而是只盯着那点知识,抓住几百个汉字,几道加减乘除的算术题,让孩子反反复复抄呀写呀,写错了一道还要罚抄多少遍,弄得孩子成天趴在桌子上,头昏脑涨地应付,实在是本末倒置,得不偿失。

还有一些老师强调家长检查孩子作业,家长也多半主动积极陪读,盯着孩子做作业,紧逼不舍。孩子一旦出错便急躁埋怨,甚至训斥。这种"督促帮助"难免会破坏孩子的心境,影响孩子的情绪,使之心慌意乱而降低学习效率。这对培养孩子的自学能力是极为不利的。

当孩子做完作业后,父母应当把第一次修改权交给孩子自己,鼓励他独立地使用字典等学习工具纠正错字,用验算法检查数学习题。总之,要调动孩子在学习中的主动性,让孩子培养"学习是自己的事"的责任感,并掌握独立完成学业的能力。若是由家长又是"助教",又是"助学"地瞎帮忙,结果往往事与愿违,越帮越忙,越助越养成依赖性,越助越糟糕。

当然，这并不是说孩子不需要帮助，关键是怎样的帮法。帮助孩子学习，就是要帮孩子通过写作业，学会遇到问题能理出头绪，抓住突破口，展开思维活动，进行分析，找出答案。父母帮孩子，最重要的是这个过程，而并不是找出答案本身。要帮助孩子学会自己思考，而不是帮他应付老师布置的作业。

教孩子掌握高效的学习方法

法国生物学家贝尔纳指出："良好的方法能使我们更好地发挥运用天赋的才能，而拙劣的方法则可能阻碍才能的发挥。"笛卡儿认为，"最有价值的知识是关于方法的知识"。但凡成功者，除了天赋素质条件外，必定都是勤奋、注重科学方法的人。对孩子而言，掌握科学的学习方法，能让其在学习上事半功倍。

学习方法是多种多样的，每个人具体使用的方法都不一样，父母要留心观察孩子的学习情况，引导孩子正确运用适合他自己的学习方法。

下面几种学习方法值得推荐给孩子。

1. 比较学习法

这种方法是针对某一项学习或研究的专题内容，运用许多资料（或图书）进行对比学习或研究。

比较学习法有以下优点：

一是有利于全面地深刻地理解问题。比较学习法可以同时研究几本书或几篇文章，在这一本书里还是比较模糊的东西，在读另一本书时会清晰起来；在这一本书里没有的东西，在读另一本书时可以补上。因此，这种方法的优点就是可兼取诸家之长，扬弃各家之短，加深对问题的理解。

二是有利于培养独立思考能力。由于各书不尽相同，甚至观点完全对立，这就要进行比较、分析，有利于培养孩子分析问题、解决问题的能力。

三是有利于集中学习和研究某一问题。由于比较学习法往往就某一方面进行学习和研究，目的明确，内容集中，效率很高。

运用比较学习法要注意以下几个方面：

(1) 确定学习课题。根据学习的需要，确定好学习课题。

(2) 选好学习目标。根据学习目标，选好学习的书本或文章，要多选择几本有代表性的书籍，这些书应各有特色，不要选内容雷同的书。

(3) 认真阅读材料。阅读时只读各书中有关学习课题的部分，不要像平时读一本书那样从头到尾地读。阅读时还要注意互相补充、互相比较。

(4) 进行分析、比较。对书本中或文章中不同或不完全相同的观点进行分析、比较，弄清是非。

(5) 综合整理提高。通过互相比较、互相补充，弄清是非，纠正错误，最后整理出综合读书笔记。

2. 发现学习法

发现学习法主要的目的在于发挥学习者的主动性，把学习过程作为对进入感官的信息进行选择、对比、思考和应用的过程，而不是被动接受的过程。

孩子掌握这种学习方法需要靠父母科学的指导，指导的一般步骤是：

(1) 提出和明确使孩子感兴趣的问题，也可将孩子置于一定的情境之中使之产生兴趣。

(2) 把这些问题分解为若干需要回答的疑问，使孩子体验到某种程度的不确定性，以便激起探究之心，明确发现的目标。

(3) 提出解决疑问的各种可能的假设或答案，以引导孩子思考的方向，推测出各种答案。

(4) 协助孩子搜集和组织有关资料，尽可能提供发现的依据。

(5) 组织孩子仔细审查这些资料，从而得出应有的结论。

(6) 引导孩子用分析思维去证实结论，对假设或答案从理论和实践上进行检验、补充和修正，最后使问题得到解决。

家长在引导孩子应用发现学习法时，还应注意以下几点：

(1) 鼓励孩子有发现的信心。尽量使他们相信自己能够解决问题，能够通过自己发现获得正确的结论，以此培养孩子的胜任感。

(2) 激发孩子的好奇心，对所探究的问题产生浓厚的兴趣，产生强烈的求知欲和"自我奖赏"的倾向性。

(3) 帮助孩子寻找他们正在研究的问题和他们已知事物的联系，并引导他们把它与新的问题结合起来。

(4) 训练孩子运用知识解决问题的能力。如把一个观念推演到极限，举一反三，或用简明扼要的形式来概括和表达思想。

(5) 协助孩子进行自我评价，让孩子正确认识自己。

(6) 启发孩子进行对比，以利于知识的组织，促使新的发现。

3. 电化学习法

电化学习法是指凭借各种现代化的手段，如录音、录像、电影、电视、电脑来进行学习的一种方法。这种学习方法在多数情况下是与电化教学相对应的。在语言实验中的学习就是运用电化学习法的一种形式。运用电化学习时凭借的手段不只是人的感官，而且还有各种现代化的技术和设备。因此，这种学习法有利于提高学习的效率和效果。

4. 课外学习法

课外学习分两类：一类是直接围绕课本内容来学习，主要是看一些参考书、学习资料；一类是孩子通过课内学习掌握了一定的基础知识和基本技能，有了学习兴趣，将自己学到的知识和技能用于课外学习活动（包括阅读课外书籍和报刊，参观访问，进行社会调查、科技活动和科学竞赛等）的一种需要。

课外学习活动是孩子课内学习的补充和继续，它不仅能丰富孩子的科学文化知识，加深和巩固课堂内学习的知识，而且能满足和发展他们的兴趣爱好，培养他们独立学习和工作的能力，激发他们的求知欲望和学习的积极性。

5. 利用图书馆学习法

图书馆是一处好的学习场所，它为孩子提供了最理想的学习条件和学习环境。有条件的孩子应坚持到图书馆去学习，这对孩子的学习是十分有利的。这种方法最主要的是充分利用图书馆丰富的资料帮助孩子完成自学。

培养孩子良好的读书习惯

阅读能力对孩子的成长十分重要,因此,家长应尽早地培养他们掌握最佳的读书方法,并让他们把这些好的方法逐渐巩固下来,养成良好的读书习惯,在以后的读书活动中不断提高自己的阅读水平。

俄国剧作家克尼雅日宁说过:"读书有三种情况:一种是读而不懂,一种是既读也懂,一种是还懂得书上没有的东西。"最佳读书能力,是指能读懂书上没有的东西的能力。有这种能力的人,能够从明看到暗,从表面看到本质。歌德所说的"经验丰富的人读书用两只眼睛,一只眼睛看到纸面上的话,一只眼睛看到纸的背面",正是这种高明的读书方法的反映。

对孩子来说,读懂书上没有的东西,主要是指看书时能进行积极的思考,并产生自己的思想。

怎样培养孩子最佳的读书习惯呢?

1. 教孩子不出声地阅读

父母们发现,孩子读书常会出声,或在心里默读,这些都是不良的读书方法,家长应指导他们改掉这种习惯。因为这种方法有几个缺点:首先,影响阅读速度。出声读书或默读时,由于人的发音器官的运动速度慢,跟不上眼睛与思维的速度,因而会影响阅读的速度。其次,会影响对内容的理解。对于一些记忆力很好的成人出声阅读可以帮助记忆,而对于孩子出声阅读会影响他们对书中内容的理解,尤其不利于孩子对大量的内容进行综合思考。出声阅读也许对于孩子理解几句话、记忆几句话有利，但对于一段文字、一页内容的理解是非常不利的。因此，当孩子出声阅读时，要提醒他，让他先养成默读，然后再过渡到用眼睛扫过去的习惯。

2. 让孩子学会批评地读书

读书的主要目的是学习书中的知识内容，但不能"唯书是从"。家长要教会孩子在读书时把书上所写的内容与实际生活中遇到的问题进行比较，发现其中的异同。看看书中哪些是写得对的，哪些是不对的，哪些应该接受，哪些应加以批评。刚开始时，孩子可能很不容易做到这点，因为这需要一定的知识积累。因此可以从小的方面做起，经过一段时间的教育和引导，孩子就能够顺利掌握了。这对于他们今后的读书是十分有益的。

例如，在实验中曾遇到这样一个例子。一天，一个孩子问一位老师："老师，你知道麒麟是什么动物吗？"老师回答说："麒麟是一种很像长颈鹿的动物。"那个孩子接着说："不是像长颈鹿，它就是长颈鹿。麒麟是古代的一种叫法。"这个孩子刚阅读完几本有关麒麟的书，并且很好地理解和掌握了书中的内容，因此能纠正老师回答中的错误之处。这正说明了孩子逐渐具有批评地读书的能力。

又如，一个孩子在看有关鸭嘴兽的文章时，对鸭嘴兽是哺乳动物感到疑惑。他详细阅读了有关哺乳动物的定义，观察、分析了生活中常见的哺乳动物，还是认为鸭嘴兽不应是哺乳动物。于是去问教师，教师向孩子解释说："鸭嘴兽是哺乳动物中的特例，是过渡中的哺乳动物，因为它具备了哺乳动物的主要特征，所以它仍属哺乳动物。"孩子便更透彻地理解了这个问题。

因此，孩子在阅读中应善于抓住疑点，善于发问，这是批评地阅读所不可缺少的。

3. 指导孩子学会阅读书中独特之处

数学家华罗庚在学习时，常同时阅读很多本书，而且阅读速度很快并对书中的内容掌握得很好。他的同学问他读书的方法，他就说读书要会读每本书的独特之处。例如，相同内容的书可能有很多本，读书时发现书中有些内容与别的书有重复或相似之处，或是自己已掌握了，这些内容就不必阅读或可快速阅读，要找出每本书不同于其他书的地方重点精读，这样不但读了每本书的精华，又节省了大量的时间。

尽管对孩子来说读书方法掌握起来难度较大，但只要家长耐心指导，孩子是可以逐渐掌握的。外国有名的"SQ3R"读书法就是很有用的。

SQ3R分别表示如下：纵览(Survey)、提问(Quiz)、阅读(Read)、背诵(Recite)、复习(Revise)。我们认为，在学习中遵循这一方法是有好处的。现将其结构简介如下：

(1) 纵览。纵览就是先尽量弄清所读材料的写作目的之所在，阅读作者的序言或后记，仔细查看目录和索引，阅读各章的提要或小结（如果有的话），迅速浏览一下全书，以便对整个概貌有一个了解。

(2) 提问。浏览自己准备细读的章节时，要认真琢磨其中的某些观点，并且把它和已掌握的有关观点相对比、相联系，并随手记下所想到的问题。

(3) 阅读。通常要求读得慢而透彻，要把各章节中的大小标题牢记在脑子里，没有大小标题的，可以自己加以提炼。

(4) 背诵。不是指逐字逐句地复诵或默记，而是在理解的基础上，把有关章节的中心思想能提纲挈领地复述出来，当然也可把某些极其重要的东西背诵出来。

(5) 复习。需要长时间保留在记忆中的材料，必须反复复习。

4. 让孩子学会及时地总结

有的孩子虽然已经具备了一定的抽象思维能力，但是他们的归纳、概括能力的水平仍然比较低。如果他们所阅读的内容达到了一定数量后，没有及时地总结，把前后的内容联系起来进行回味，常会出现一知半解或张冠李戴的现象。

要纠正上述倾向，父母应在孩子读完一个章节或一段完整的内容后，指导他们把书中看过的内容前后串起来，思考一下，总结出本段所讲的主要内容，真正让孩子做到把书读懂了、记住了、理解了。

教孩子掌握一些高效的读书方法

现在，书籍市场已经成了书海，不会阅读就会在其中迷失方向。因此我们要让孩子掌握一些有用的阅读方法，才能在阅读中游刃有余，受益终身。

在这里，我们向家长和孩子介绍几种有用的阅读方法。

1. 精读泛读法

不同内容的书需要不同的阅读方法。有些书需要精读，而有些书只需要泛读。那么如何判断哪些书需要精读而哪些书需要泛读呢？这要视每个人的学习需求而定。

对于孩子来说，一些科学图书以及与学习有关的书需要精读；而对于一些小说、科普读物以及生活方面的书就需要泛读，因为每个人的精力是有限的。

2. 快速跳读法

当孩子尝试这种读书法时需要先有一个训练过程。以阅读一篇文章为例，首先应以每分钟300～400字的速度，读完文章的第一段或第二段，不能省略内容。这样做的目的在于了解文中大意、背景、写作风格、语调和语气等，为快速跳读做准备。接着应加快速度，当每分钟达到800字左右时就可跳读了。这时，读几个关键句子和一两个论据，了解大意即可。

训练这种方法时，应把它当作一种培养阅读能力的活动，在一个预定时间内完成。经过多次反复练习，就会功到自然成。

3. 逆向读书法

一般人读书学习的习惯都是按作者思路和章节先后次序一步一步读下去，就像"让作家牵着鼻子走"。而"逆向读书法"则与之截然相反，是一种主动性很强的读书方法，即有意识地不按作者思路和章节顺序阅读，一开始就运用自己的思维能力，分析书中结论或观点形成的原因和依据，再把自己的认识与书中的分析进行对照。

这是一种主动融入了学习者智慧的层次较高、收效较快的科学学习法。使用逆向读书法，学习者要有较高的学识水平和自学能力，并应遵循这样一个顺序：思考→求证→对照→彻底理解。当孩子的阅读能力达到这个程度之后就可以让他运用这种有益的读书法。

4. 五步读书法

五步读书法是在有限时间内读好一本必读书的方法。这种方法分为五个步骤。

第一步，浏览。阅读序跋、目录，粗读有关章节，发现新思想和新观点。

第二步，发问。通过精读有关章节，找到主要内容中的疑难问题，并试图解决。

第三步，精读。对重要章节反复研读，务求理解，并及时做好笔记，抄好卡片，写下心得。

第四步，复述。读完一章节后，用回忆联想等方法检查学习效果，发现差距或问题，及时补上。

第五步，复习。复习的次序依巩固、消化程度而定。

5. 序目读书法

这种方法就是重视阅读序跋和目录的学习方法。

有人把序跋比作一本书的"小照"，把目录比作一本书的"骨骼"。写在书前面的序和后面的跋，别看文字没有多少，但是它的作用和信息量却不小。一般来说，它不仅介绍了一本书的主要内容、创作意图、读者对象、书中体例及特色所在，有的还介绍了作者情况、写作缘由、简单经过及对该书评论等。读序跋犹如推开了知识宝库的大门，有利于弄清图书出版的时代背景，有利于了解作者，有利于做出是否要阅读以及怎样阅读的选择。

读目录有两种情况。一种是读图书目录索引。到图书馆要阅读图书目录索引，应认真阅读索引卡片上的书名、作者、出版社、日期和页码等，以便进行比较鉴别，选择权威性或观点较新的书阅读。第二种是读章节目录。在选择阅读时，通过阅读章节目录，大概了解一下书的内容、结构、特点和重点，可对阅读全书起到提纲挈领的指导作用。有些不需精读的书，阅读一下序跋和目录也就够了。

6. 出入读书法

这是一种把书读活、做学习的主人的读书方法。

一是读活书。即读那些言之有物、生动活泼的书；二是活读书。即读书时要多动脑，勤思考；三是读书活。即读书要善于理论联系实际，做到学以致用。

7. 重复学习法

这种读书方法是古今中外学者常运用的方法。

此法之所以受到广泛重视和运用，是因为：第一，许多著作内容丰富、意蕴深邃，没有多次反复难以理解；第二，对学习中常常遇到的难点、疑点，也必须有一个重复的过程才有可能释疑消化；第三，心理学证明，人们所学的知识如果只经过一次大脑记忆，其遗忘率会很高，最终只会有6%以下的信息得以较长时间地保留。而要克服遗忘，重复学习是最好的方法。

重复学习法需要把握好时机，一般说来，重复学习最好安排在第一次学习后的第一天、第三天、第七天和半个月后。但重复应有重点、有选择，可用回忆、联想、复述等方式进行。

8. 交替学习法

交替学习法是一种遵循脑力活动规律的科学学习法。

科学实验表明：一个人若长时间进行内容单一的学习，大脑皮层一定部位在长期紧张、兴奋后，会出现保护性抑制，导致脑力下降。而如果适时更换学习内容，可使大脑皮层原有兴奋区产生抑制，原有的抑制区出现新的兴奋中心。如此兴奋、抑制交替循环，既使脑力活动得到调剂，保持弹性，又使学习能持续进行。

运用交替学习法时，应注意以下几点：一是多样化地分配学习科目，经常交替学习内容；二是要合理分配学习时间，如重要的内容应多分配一些时间，并分配在脑力活动最强的时间内进行；三是要分配足够的运动和休息时间。

预习是独立学习的推动器

预习之所以重要，是因为孩子在预习了老师将要讲授的内容之后，即使不怎么懂，甚至于只是一知半解，但是已经对即将讲解的内容比较熟悉，对于不懂的地方能够有针对性地听，因而听课效果要比没有预习的其他孩子强。

具体说来，预习有下列几种方法：

1. 扫除障碍法

北京市第二实验小学特级教师霍懋征老师在《怎样做好预习》一文中写道："预习一篇课文，先要粗读一遍。遇到疑难的字、词，要查一查字典、词典，扫清障碍。只有做好这些工作，才能通顺地朗读课文，了解课文大意，并加深对课文的理解。例如，左传《少年行》中，'一身能擘两雕弧'，这句话比较难懂。原因是'擘'和'弧'都是生僻字。查了词典就可以明白：'擘'当'掰开'讲；'弧'当'木弓'讲。这样，对这句话的意思，就很容易理解了。"

扫除障碍法不仅是小孩子适用，就是一些成年人也常用这种方法。例如张海迪，她没有进过学校，可她却翻译出了《海边诊所》这本书。这除了靠她的惊人毅力、顽强的拼搏精神以外，不能不说和她使用扫除障碍法有关。她就是靠着工具书，逐字逐句地扫除语言上的障碍。

2. 找出疑点法

江苏省淮阴师范附小四(1)班一个叫斗非的小朋友的体会是："功课要多用心分析，才能学得好。"

"一次，我预习课文《咏柳》这首诗的时候，发现第三句'不知细叶谁裁出？'的末尾用的是问号。我觉得'不知'两个字之后，不是用问号，应该改用逗号才对。

"这种想法对不对呢？为了找到准确的答案，我查了《唐宋诗选讲》，发现在这首诗的第三句末尾，果然用的是逗号。但是，我还不放心，万一书上的标点符号印错了呢？于是，我又找到了《中国历代诗歌选》，发现这首诗的第三句末尾，用的也是逗号。这下，我可高兴了！这说明语文书上的标号用错了。"

在这里，斗非发现了疑点，认为"不知"之后不应该用问号，然后抱着这个疑点去查阅有关资料，核对了疑点，他所使用的就是找出疑点法。斗非小朋友的钻研精神是值得其他孩子学习的。

古人说："学而不思则罔"，说的就是在学习的时候要善于思考，否则就会陷入迷惘。

3.逐段归纳法

这种方法适合预习语文课文。在孩子拿到一篇语文课文以后，先要粗读一遍，了解课文大意。然后，再一段一段地慢读，读一段便归纳出一段的意思，用自己的语言或找出书上的关联语作为归纳的语句。这样全文读完以后，再从头查对一下，看看共有多少段落，各段都写了些什么，各段之间有何关系，全文可分几个大部分。这样这篇课文的主要意思就清楚了。

逐段归纳法，说得通俗一点就是给一篇课文编一个提纲。在编提纲时教孩子要注意两点：一是要细心。如果不细心，就容易编错。所以在编时要反复思考，不能粗枝大叶，抓住一点就胡编。二是要耐心。编提纲要一段段编，要抓住主要的内容编，比较艰苦，这就需要耐心，没有耐心是编不好提纲的。

这种方法，其他各科也适用，特别是数学，因为不把一章一节一段的数学教材预习清楚，就不可能彻底了解教材，掌握知识。

4.圈点标记法

列宁读《哲学笔记》时就用了许多数学上的符号，如">"（大于），"<"（小于），"="（等于）等等，来做标记。著名语言学家王力先生看过的书，空白处写满了文字，既有对书籍内容的评价，也

有自己的读后感。这些伟人和学者所用的读书方法，就叫作圈点标记法。

所谓圈点标记法，就是在书中空白之处，为了便于记忆，将自己发现的疑点、心得以及应着重注意的地方，用圈圈点点，或者用符号标记出来。这样做的好处很多，不仅读后不易忘记，又把重点、难点勾画了出来，加深了理解。

圈点标记法不仅对伟人学者适用，对孩子也是适用的，特别对于高年级孩子。如果孩子能做到这点，就说明他学习是十分认真的。

关于圈点、勾画、着重的一些符号，则没有统一的规定，可以根据个人的需要和习惯，自己确定所用的符号。一般来说，"？"表示疑问，"！"表示感叹和惊奇，"。""."表示着重。也可以自创一些符号，如以"＿＿"下划线表示着重的意思。

在进行圈点标记时，切记仅限于使用孩子自备的书，借的书就不宜这样做。这是必须给孩子讲清楚的，因为爱护公物，爱护图书，是每一个人应该具备的美德。

5.试解习题法

试解习题法就是教师还没有讲习题以前，由孩子试着去解答习题的一种方法。试解习题，主要有两点作用：

(1) 习题是课文重点、难点的总结和体现。预先做了习题，可以了解课文的重点和难点。

(2) 在试解过程中，如果能做出来，那么可以提高解题的信心和兴趣；如果解不出来，或者解错了，也没有关系，这样做可以提醒预习者在课堂上认真听课，以便把习题搞懂。

第7章
固本培元，培养孩子的独立学习能力

复习是独立学习的加强器

复习是对课堂内容进一步消化、加强巩固的过程，是孩子在校学习必不可少的重要一环。

那么，怎样才能做好复习呢？在这里我们介绍几位学习尖子的方法。

1. 熟读课文法

一位语文学习成绩一直名列前茅的孩子在谈到他怎样复习时说："我语文每次考试之所以能得高分，原因其实很简单。我就是多读课文。我做练习题之前，总是把课文读几遍，直到我对课文的内容很熟悉了，再做练习题。这样，我做起练习题来，如遇到填空题，由于我对课文内容已经非常熟悉，甚至有的课文能达到背诵的地步，所以不用翻书，自然而然地就填好了。

"也因为我对课文特别熟，考试时老师出的题必然都是课文里的内容，或是从课文里延伸出来的东西，我做起来也很顺手，所以考试起来总是能拿高分。"

这个孩子所使用的复习方法，我们称为熟读课文法。这种方法父母可向自己的孩子推荐。

2. 难点复习法

一位学习尖子谈到他如何复习物理课时说："我平时做作业时比

较注意物理课上的难点,我不懂的地方,尤其是难点,我并没有忽视它,我总是自己苦苦思考,如果实在思考不出来,我就一定去问任课老师,直到把这块'骨头'啃下来。

"由于我一直都没有放过难点,因此考起试来,再难的题目我都会做,我的物理成绩几乎每次都能拿到高分。"

他的这种复习方法叫作难点复习法,这种方法有助于孩子在复习中巩固最艰深的知识。在复习中,一些同学碰到难题难点就绕过去,心想老师也不会出这么难的题。确实,一般老师是不太会出难题的,但也有偶尔出一两道难题的时候。每当这时候那些"逃兵"孩子就做不出来了,而这个敢于啃"硬骨头"的孩子就不会被难题吓住。

3. 练习复习法

关于练习复习法,一位小学生是这么说的:"有一次期中考试,考算术前,我把书上的所有题都做了一遍,心想,这次我一定能考好。第二天,老师发下试卷,我一看,好几道题和书上的不一样,我不会做,急得眼泪都流出来了。

"下学期期末考试,我改变了复习方法:我先把例题复习了一遍,记住了方法,然后做一些练习题。这次考试题虽然有变化,但我懂得了方法,所以全都会做了,心里一点也不慌。结果,我得到了好成绩。"

这位小朋友所用的方法就是练习复习法。练习复习法,顾名思义,就是以练习来加强复习的方法。

那么,应该怎样使用好这一方法呢?

清华大学两位新生的讲话,对我们怎样做练习复习会有很大的启发。

一位同学说:"我一向反对题海战术,认为练习的重点在质而不在量上,强调'少而精'。常看见许多同学单纯地为做题而做题,在巍巍书山、茫茫题海中苦不堪言,但做过题之后却不知道究竟要达到什么目的,所做之题究竟考查了何种能力,以致稍加变通,便又茫然不知所措,费时又费力,收效却甚微。我在做练习的时候,是有别于这些同学的。平时每做完习题之后,我总是及时地归纳、总结、分析,回顾习题的求解途径、思路、涉及的知识点及应用的方法和关键之处;积极考虑为什么要这样做,是否还有别的求解方法,自己所采用的是不是最佳方法,有无创新之处;并把相类似相关联的题型加以对比分析,争取做到举一反三,触类旁通。在练习当中,我认为'做'是次要的,而'思'是主要的。许多同学只注意了手的运动,而忽视了脑的运动,自然是不得要领,事倍功半了。"

另一位则认为:"在学习中不要只是一味地钻题海。有些同学总喜欢用做了多少题来衡量自己是否'过关',喜欢说:今天我做了多少题,你又做了多少。仿佛自己做的题越多,就越能证明自己知识掌握得牢固,考试起来也就越能拿高分。别人如果做的题比自己多,就惊叹:'哎呀,我要不赶上就不如他了。'我过去也有过这方面的教训,不仅搞得自己疲惫不堪,浪费了大量精力、时间,而且并无大的收效。实际上，我们应根据自己是否学会来决定是否需要多做题。如果我们对某个知识点掌握得特别好，就可以不必大量地做这类题，保证一天一两道题，使知识不至于变生疏即可；如果对某处知识或某一方面把握得不是很好，就可适当多做，在解题中注意它的规律变化及和其他知识的联系，帮助我们更好地理解。"

以上两个孩子对怎样做练习题的经验是十分宝贵的，归纳起来主要有以下几点：

(1) 题海战术是极端错误的，不仅费时费力，而且并无多大的效果。

(2) 做练习题不论多少，关键在于要达到什么目的：是巩固知识点，还是训练某一种能力。目的不明确，就是做糊涂题，结果只会越做越糊涂。

(3) 做练习题"做"是次要的，"思"是主要的。所谓"思"就是每做完习题之后，要及时归纳、总结、分析，找出求解的途径、思路、方法等等，要能触类旁通，举一反三。

做习题的经验对每一个孩子都是适用的，家长和老师在引导孩子的过程中应该格外注意。

第7章
固本培元,培养孩子的独立学习能力

利用参考工具是独立学习的终极武器

参考工具对于孩子的学习帮助是很大的,孩子的学习能力强弱与是否能够善于利用参考工具有关。

从小学开始,老师就教孩子学会查字典,给不认识的字注上拼音,弄懂新词的含义。在学习中,碰到自己不懂的字词、语汇是难免的,而这时孩子就要学会利用工具书去解决这些问题。

不同的学科存在的问题类型也不一样,因而所需要的工具书也不一样,学习语文,一般的字词查《新华字典》《现代汉语词典》也就能够解决。

如果是其他学科,如物理、化学等,有时就需要孩子学会去查相关的文献才能够解决所遇到的问题。这就需要孩子知道上哪儿去查这些文献资料,是上图书馆还是上档案馆,这些也是孩子必须了解的,这也是学习能力的一个方面。

当然,在小学阶段,孩子还不用解决这么复杂、艰难的问题,但是这种能力从小就必须开始培养,没有小时候的基础,以后就不可能有较强的学习能力。

父母应该从小学起,就要有意识地培养孩子学会使用和选择参考书的能力。

对于参考书,孩子一定是再熟悉不过了。从小学五六年级开始,孩子就有了课外参考书。到初中、高中,参考书就更多,每个孩子每

从厌学到好学，从好学到学霸
——如何让孩子爱上学习

一科目至少有两本参考书，有的每科达十余本。这些参考书的来源有四个：一是上级有关部门指定必须购买的；二是教师强制订购的；三是家长选择购买的；四是孩子自己在书店购买的。而在各类书店中，孩子学习用书、教学参考书是最畅销的书，经久不衰。而且不管教育行政部门三令五申严禁在学校中推销任何学习参考书，但从来很少有学校真正执行过。相反，孩子们的参考书却越来越多。

诚然，参考书是为补充教材的不足而编写的，是学习不可缺少的"帮手"。有人曾把教材比作人体的骨骼，而参考书则是人之血肉。

应该怎样解决这个问题呢？

我们先听听一些名牌大学的孩子的意见，对正确解决这个问题是大有好处的。因为他们是过来人，他们至少和参考书打了多年的交道，他们的体会可以作为我们的借鉴。

北京大学一位新生说："参考书是对课本的补充，它能扩展我们的视野，加深对知识的分析力度，对学习成绩也能起到一定的提高作用，有时能达到与上课听讲殊途同归之效果。不过，利用参考书应在已掌握课本知识的基础上循序渐进，切勿好高骛远，舍本逐末，过分迷信参考书。目前各种参考书有'泛滥成灾'之势，要根据自己的情况来加以选择，最好是选择具有权威性的资料或听取一下老师的意见，以保证质量，避免盲目性。我自己在中学时曾订阅过《中学生数理化》《中学生物理报》《中学生化学报》《中学生参考资料》，除此之外，我还经常向同学借阅《中学语文》《作文通讯》《中学生阅读》《语数外学习》《中学英语指导》等报刊。参考书是对我们进行'传道授业解惑'的无声老师。由于参考书大多数时候附有讲解，上面的题目也比平时自己选的练习题更有价值些。我曾演算参考资料的许多题目，对上面的优秀文章更是用心体会，反复琢磨，不放过一个疑点，直到弄懂弄通。我曾记下过很多自己的体会和思路。我觉得，适当地利用一下来源于课本、高于课本的参考书和报纸杂志，是提高成绩的途径之一。"

父母在培养孩子利用参考书的能力时，要帮孩子考虑好以下几点：

(1) 参考资料一定要具有很高的价值，它只是课本的补充，不能求多。每一科最多只能一两本，而且要质量高，最好是由有经验的老师推荐。

(2) 以课本为主，参考资料为辅。让孩子认识到，那些轻视课本，而重视、迷信参考资料的想法和做法都是错误的。课本上的知识是基础的知识、是系统的知识，是每个孩子必须掌握的知识，如果这些必须掌握的知识不重视，却去重视那些课外的不是必须掌握的内容，是舍本逐末的做法。

(3) 参考书既是精选出来的，它是课本的补充和深化，因此，就不能马虎对待，而应认真对待。要将其中的讲法及练习题与课本中的定理、公式、例题进行对照，认真总结一下，哪些参考书上的习题是课本上的补充、深化，哪些是无用的习题或深度不够的习题。无用的或者深度不够的习题，就应该坚决加以摒弃。

< 第 8 章 >

学霸，
成绩不是你的一切

从厌学到好学,从好学到学霸
——如何让孩子爱上学习

高分低能——关于教育现状的思考

小张是 2008 年某省的高考状元,分数公布以后,学校和家里人都十分高兴。小张也如愿地考上了自己梦寐以求的清华大学。

到了学校以后,小张自信满满地想继续深造,成就自己的人生理想,可是一次简单考试却把他的梦想全都打碎了。

原来,学院为了考查一下新生的英语水平,制订新的教学计划,对所有的新生进行一次英语摸底考试。小张拿到卷子以后,发现上面的题目都很简单,十几分钟就把所有的题目都做完了。

看着旁边同学们还在冥思苦想,小张不由得对自己以后的学习生活充满了信心。50 分钟过去了,老师忽然说:"现在请大家把笔试的卷子倒扣在桌面上,我们继续进行口语的考查。"

小张一下子傻眼了,高中三年,根本就没有上过一节口语课。为什么?因为当时高考不考查学生的口语,小张甚至连一句简单的问候语都说不清楚。看着同学们一个个起来用流利的英语和老师交流小张就更紧张了。轮到小张起来回答问题的时候,他结结巴巴半天也没说全一个完整的句子。

正在小张面红耳赤十分难堪的时候,旁边一位同学小声地说了一句:"原来又是一个高分低能的家伙。"

从这次考试以后,小张的内心就笼罩在高分低能的阴影当中。看着英语角热烈的讨论气氛,看着同学们积极参加社团活动、出去游玩，小张觉得自己和他们完全成了两个世界的人。强烈的自卑心理使小张开始对自己原来的学习动机产生了严重的怀疑。小张开始厌恶课本，甚至厌恶自己原来的好成绩。

一段时间下来，小张的成绩由原来的全班第一名变成了中下水平，由一个自信、乐观、向上的孩子，变成了一个郁郁寡欢的平庸孩子。

在我们调查的成绩优秀孩子的厌学案例当中，因为"高分低能"造成的厌学占绝大部分。这一点不能不引起老师和家长们的注意。

由于"以分论人，以分量才"的现象长期存在，社会评价学校的教育质量是以升学率的高低作为标准，学校领导评价教师的水平高低，工作好坏是以所教班级孩子的升学率、通过率为依据，教师检验孩子是否获得了系统的知识，甄别优等生与差生，是以考试分数为标准。

为了让孩子考得好，教师明知不符合教育规律，不利于发展孩子个性，有碍于孩子健康成长，却还一味乐此不疲地采用"注入式""填鸭式"教学法，以教师为中心，以课堂为中心，以课本为中心，严重制约了孩子主观能动性的发挥，单靠反复操练，死记硬背，机械重复，带来的结果只能是高分低能。

一个孩子的成长，是他所接受的各种教育的综合反映，是各学科基础知识之间的相互作用、相辅相成的结果。如果一律以简单的、纯量化的标准模式去予以衡量、评判，非但起不到推动促进的作用，反而会影响教育质量的提高，形成了恶性循环。

从厌学到好学，从好学到学霸
——如何让孩子爱上学习

　　成都某大学新校区的新生们正在开始准备军训，一切都是那么新奇，都是那么让人振奋，每一个新生的脸上都洋溢着青春的笑容，象牙塔下的四年大学生活将就此拉开人生中崭新的一幕——除了王良，这名英语系的"高才生"。以610分考进大学的他，却不得不在父亲的陪同下黯然离开了校园，而迫使他做出休学一年决定的原因就是"精神状态暂时不适合学习"。

　　和王良同一个宿舍的同学说，在短短几天内，王良竟然在校园内把自己弄丢了五次！"他基本上不说话，寝室里面的谈话也从不参加，情绪显得非常低沉。"一提起王良，室友们都掩饰不住遗憾的神情。大家没有想到，这个以610分的高分考进大学的高才生，对于室友的态度竟是如此冷淡，大家好几次和他说话，他都面无表情，甚至根本不愿意理睬。

　　王良的长相斯文柔弱，走路老是微微低着头，神情看上去比较恍惚。而就在开学典礼当天，本来是跟着同班同学一起去参加典礼的他，居然走丢了，最后竟混到其他学院的队伍里了。这样的情形不止发生了一次。开学五天了，王良还走错寝室，甚至连寝室究竟在几单元都搞不清楚。

　　在和孩子的辅导员进行沟通后，王良的父亲带着孩子来到了校医站求诊心理医生。经过和王良的耐心谈话，医生认为，王良目前的精神状态暂时不适合在这样一个陌生的环境里学习。父子俩商量了许久，终于决定申请休学一年。

　　孩子学习书本知识固然很重要，但仅局限于此是不够的，也是很危险的。孩子最后都是要走入社会、融入社会才能实现自身的价值，做到学以致用。仅仅强调书本知识的学习，忽视孩子的社会生活实践，会造成孩子高分低能等不良后果。

所以，我们在注重孩子理论知识的同时，应当更多地关注孩子处理日常事务的生活实践，处理与他人交流合作的交往实践等。要知道，这些才是孩子的处世之本。

呼唤多彩的假期生活

家长在爱孩子时，一定要有理性，尊重孩子的自由选择。假期生活也应立足于未来，为孩子今后的发展和一生的幸福着想，要留给孩子一片自主发展的空间，使孩子逐步具有主动适应未来社会和未来生活的能力。

当然，允许孩子自主发展并不是说家长可以对孩子放任不管，恰恰相反，只有适宜的教育与孩子充分的自主性相结合，孩子才能获得最大程度的健康发展。

中国有句古话说："一张一弛，文武之道也。"为什么学校每年会给孩子一定时间的假期？就是要让孩子有一个接触社会、放松身心的机会。

但是，很多孩子，尤其是那些学习成绩好的孩子，被认为是"可造之才""能成大器"的孩子，其父母都把假期当成给孩子的"充电时间"。

于是，每到孩子假期，各大培训机构的生源争夺战就进入了白热化阶段。在中小学门前，各类培训班的招生简章更是如雪片一样发个不停。同学们抱怨说："一到快放假的时候，家里就逼着报这个班那个班呢，想放松一下都不行。"

在这个竞争激烈的社会，家长的良苦用心是可以理解的，但更要注意方式，要给孩子们自由放松的空间。假期的校外教育是为了增加孩子的技能，培养孩子爱好，要根据每个孩子个性因材施教。

同时，家长还要注意，利用假期对孩子开展校外教育一定不要剥夺孩子的休息时间，要充分尊重孩子的爱好和选择，要注意劳逸结合，培养孩子的兴趣，让孩子真正学到自己喜欢的技能、技艺，否则非但不能让孩子学到有用的知识，反而会滋生孩子的厌学情绪。

对于孩子们来说，假期是放松的时候。但现在的问题是孩子们玩的方式并不多。而家长们则认为，假期是对孩子进行教育的大好时机。但这种教育却是后患很多。下面我们来看看小女孩文文的假期安排。

今年文文13岁，下半年将从小学升到初中。这个暑假，她的日程比上班族排得还满。

早上：7：30，起床。

上午：8：30—10：30，语文补习班。

下午：3：00—5：00，英语补习班。

晚上：7：00—8：30，数学老师到家补习，10：30之前必须睡觉。

每周星期六和星期天白天休息，星期天晚上要用一个小时来温习上一周学过的课程。"一天学下来累吗？"面对记者的提问，文文的回答让人同情："累，我不想学，我讨厌死这样的日子了。"

送孩子学舞蹈、书法、绘画、英语……几乎成了一种时尚。记者通过对20个孩子的随机调查发现，在5~15岁的孩子中，近75%利用假期上课或是正在上各种各样的学习兴趣班或是辅导班。这当中有7成是父母为孩子选择的。有8成左右的孩子表示：我们想有属于自己的计划和空间，我们想利用假期完成自己的理想和愿望。

文文紧张的假期生活也让妈妈心疼，妈妈说："我们也知道她一天很辛苦，我们做父母的也是为她好，担心她以后被社会淘汰。"

现在，文文已经出现了严重的厌学心理，并且由于一直在妈妈的全面照顾下，连自己的袜子都不会洗。文文的妈妈十分苦恼，今后可怎么走入社会，独自生活呢？

有家长表示："让孩子上辅导班的事也不能把责任都推到家长身上，现在社会要求高，家长为孩子安排学习也是无奈之举。"我们认为，家长可以帮助孩子安排假期计划，但应该尊重孩子的心理和兴趣。

知识分为多种多样，孩子的个人行为能力才是更重要的。刚刚的爸爸就十分看重个人能力和个性的教育。

刚刚是个学习成绩很好的孩子，可他只知道学习，见了人甚至都不知道打招呼，自己的房间都不会收拾。于是，刚刚的爸爸经过和刚刚的沟通给他报名参加了提高生存能力的夏令营。

夏令营结束后，全家人惊奇地发现刚刚比以前懂事多了，家里来了客人知道主动问好，并且养成了自己的事情自己做的好习惯，而且乐于和人交流了。学习的积极性比以前更高了。

文文和刚刚截然不同的两种假期生活所得到的结果也是不同的。那么，你愿意选哪种呢？答案很明显。

任何一个人都不能脱离社会而生活。孩子学习的最终目的是走入社会，融入社会。孩子社会性的发展，表现在"孩子与成人的关系"和"孩子与孩子的关系"两个方面。

家长要多和孩子进行思想沟通，在精神上给予支持。教育孩子自尊、自强、自爱，鼓励他们积极参加集体活动，合理地利用假期，不要逃避社会，主动与人交往，虚心向他人学习，培养自己开朗、乐观的性格。

一般来说，成绩优秀的孩子在学校里学习都有很高的自觉性，假期对于他们来说，是一个难得的放松机会。家长应该根据孩子的喜好来安排孩子的假期活动，而不应该让孩子感觉放假了，反而学习压力更重了。孩子在生理、心理上都获得了调节和放松，也就会远离厌学等负面情绪的影响。

大学是一个新的开始

很多地方，从上小学或者更早的时间开始，孩子们就已经被灌输

第8章
学霸,成绩不是你的一切

一种观点:现在努力学习,只要你考上了大学,就什么都得到了。现在不让你谈恋爱,考上大学以后就不管你了;现在课程安排得满满的,考上大学以后不但课程少,而且还可以随便旷课;现在努力学习,争取考好成绩,上了大学以后只要及格就可以。

在这样的思想教导下,很多孩子在上大学之前,对将来的大学生活有了一个错误的定位。

孩子在高考结束以后往往有一个"疯狂"的放纵假期,到了大学校园,由于以前的错误思想指引,再加上假期放松的惯性,很容易产生厌学情绪,甚至认为上了大学以后不学习是"天经地义"的。

大学只是人生的一个驿站。但在现实中,家长们常常会为了到达一个驿站而无视孩子一生的发展。于是,不同阶段的学校和老师都把孩子学习过程分割开来,就像接力长跑,各自都只管好自己范围内的教育;于是,成长的路上,有了一环又一环有时甚至是致命的薄弱环节。

小王人长得很秀气,与我的谈话中,口才很棒,"灵气"是我给他的评价。小王身高有170cm,浅灰色外套,黑色牛仔裤,上白下黑的运动鞋。当我看到他那张秀气的脸庞时,我看出了一些迷茫和无奈——小王几天前刚办完退学手续,已经不再是一名大学生了。

小王曾是杭州某大学的学生,是这所大学最好的学院、最好专业的学生。他是从农村里考出来的,是他们家族里的第一个大学生,当年村里人还敲锣打鼓地祝贺他。

如果说考入大学是幸运的,那么进入大学以后,小王就感到很没劲。"我不喜欢我的专业,我发现自己对经济学比较感兴趣。"虽然专业是学校最好的,但对小王没有一点吸引力。"当初选专业的时候,考虑最多的是能进大学校门,进学校发现专业不对口时,又不能换了。"

古语说:"既来之,则安之。"小王却不甘心。他要消磨大学里无聊的时光。"我不会沉迷于网络,但我经常进网吧,最多时一待就是十几个小时;我不喜欢睡懒觉,但常常睡到中午。"小王这么做,因为他不想进课堂,"在那里,我会很烦闷、很无聊,而且都已经考进来了,再学也没什么必要。"

大一下来,小王在英语上丢了不少学分,他没有觉醒;大二了,有些课程只有通过补考才能过,他还是不当一回事儿;大三的时候,学校让他留了一级,他开始感到不妙,但仍没有引起足够的重视,"不及格就补考呗,反正老师让过"。悲剧终于来了!一次期末考试,一门5个学分的课,老师不让他参加考试,理由是他经常旷课。这5个学分让小王付出了沉重的代价,他没机会补考,累计欠学分达到12个(按学校规定,累计欠学分达到或超过12个,将被勒令退学)。

"人要对自己的行为负责!"小王说,"我自己酿的苦酒,我自己承受。"小王没有怨那位不让他参加考试的老师,他已经认识到,这一切的结果都是自己造成的。

"我很对不起父母,他们虽然没有怎么责备我,但他们所承受的痛苦和揪心,比我还重。"小王现在住在杭州的亲戚家,每天的生活,就是到浙大西溪校区看书。"我买了英语书,我每天都在看英语,我想这或许有用。"一本崭新的英语六级词汇放在我面前。小王要恶补英语,在大学的三年中,他完全没有碰过英语。小王也很迷茫,除了看书,他不知道自己还能干些什么,"我可能会参加成人高考,我对前途很迷茫,没有文凭,将来寸步难行。"

和小王一样,许多大学生一走进大学校园就以为万事大吉,吃喝玩乐、玩游戏、泡酒吧,得过且过,混日子、混文凭。这些人的心态没有调整好,缺乏积极的学习态度,缺乏应有的自我约束力,容易受外界影响。有的大学教师考前圈重点、画范围,考题出得越来越简单,考后又拒绝不了学生的恳求,把原本没及格的学生送上及格线。越是这样做,越是滋长了学生们"混"的心理,不把考试当回事儿,学习积极性越来越低,知识掌握越来越差。

如果把一个人的降生比作人生的第一个起点的话,那么进入大学学习则是人生的一个新起点。因为对于刚刚进入大学的同学来说,一切都是新的,新的生活环境、新的学习方式、新的同学关系等。有了新的起点,就应该给自己制订新的目标。大学的学习不再是中学那种强制模式的,只有不断地制订目标,然后去努力完成每一个目标,大学的学习才能有动力。

大学教育是一种点睛式教育,强调学生的自学能力,老师一节课可以讲很多章节,每个章节通常只对重要的知识点和难点进行重点讲解,这与高中讲透讲细的授课方式完全不同。教学方式的变化要求学生必须努力调整好自己的心态和学习方式。

总之,我们一定要让孩子明白,大学并不是学习生活的结束,而是学习生活的开始,只有端正了态度,才可能有学习的动力,才能不被厌学所困扰。

从厌学到好学，从好学到学霸
——如何让孩子爱上学习

让孩子明白知识的意义

2009年4月，正当高三的考生们为了6月份的高考做最后冲刺的时候，王平却做了一件让所有人大跌眼镜的事情——离开了学校，不参加高考了。

在高考之前，一些成绩非常差，录取无望的学生，往往在高三结业考试结束以后就会提前离开学校。但是王平在学校里的成绩很好，每次考试都是名列前茅。在老师的眼里王平考上重点大学是完全没有问题的。

但是，为什么这样一个成绩很好的孩子，会突然想到要退学呢？王平的班主任田老师百思不得其解。

王平的家庭情况很好，父亲是一名工程师，母亲是一名医生，平常家庭气氛也很和睦。王平在学校学习也很刻苦，平常和同学的关系都不错，也没有什么不良的爱好。究竟是什么让这样一个成绩优秀的孩子一下子就不想上学了呢？

田老师怀着一肚子疑问敲响了王平家的门。经过了解，王平不想读书的原因竟然只有一个：觉得学的东西一点用处没有。

田老师和王平谈了半天，固执的王平依然表示不愿意继续在一些"无用的知识"上浪费时间。王平的爸爸妈妈也表示，虽然不是很乐意，但是愿意尊重孩子的选择。

第8章
学霸，成绩不是你的一切

在此我们不想对王平的这种做法做评价，但是确实有越来越多的孩子和家长对学校教育的各种知识提出了疑问：学那么多科目，学到的知识有用的究竟有多少？

对于认为知识无用而厌学的孩子，我们应该从多个角度进行分析和解决。

首先，父母本身要做好孩子的榜样。在道德和人生教育方面，家庭教育比学校教育对孩子的影响更大。只要孩子对知识的作用有一个正确的态度，孩子学习的问题就迎刃而解了。

李明本来是个聪明的孩子，父母都是普通职工，为了供李明读书，一家人都是勒紧腰带过日子。

李明的成绩也不错，后来，父亲辞掉工作下海，几年之内成了一位小有名气的企业家，妈妈也辞职做起了全职太太。两个人的观念也发生了根本的改变，李明在学习上取得了一点成绩，高兴地回家向父母报喜的时候，父母会当头给他淋一盆冷水："学习好有什么用，你爸爸我不过是小学文化，现在比那些硕士博士赚的钱还多。""就是，整天费那么大劲学了有什么用，考上大学毕业以后还不是要到处托关系找工作。读完初中，咱就别念了，回来帮你爸爸经营厂子得了。"

时间一长，李明也不爱学习了，老师说也不听，后来成绩由全班的前几名滑到最后几名，初中毕业以后"如愿"地进了父亲的工厂。

可以想象，在这样的"知识无用""上学不如不上"思想的熏陶下，孩子又怎么能对学习知识抱有一个正确的态度？

第二，学校有必要针对知识的实用性进行适当的调整。这一条主要是针对专科或者本科学校。九年义务教育主要教授孩子基础的工具类知识，比如语文主要是教孩子的基本读写能力；数学是教孩子基本的逻辑计算能力；理化、外语等也都是教授一些基本知识，这些对于孩子而言都是必不可少的。可以说，九年义务教育的主要任务是教授孩子一些基础的工具类知识，教育孩子学会正确的学习方法，初步确立孩子的正确人生观。

大中专院校的任务则是教学生一些有实用性的具体知识，仅从专业设置上看，中学最多把学生分成文理科，但是在我国，仅本科阶段就有成百上千个专业。这样设置的目的就是为了能使学生在毕业以后可以有一技之长，在激烈的社会竞争中找到自己的立足之地。但是在对本科学校的学生的调查当中，认为在学校里学的东西到社会上"基本无用"的学生占70%，认为"可能有用"的学生占20%，认为"有很大作用，是将来踏入社会必不可少"的学生仅仅占不到10%。

这一点不能不引起我们教育工作者的深刻反思。

开学第三天，正是各大学安排一学期课程的时间，某著名农业大学的教务处门口却聚满了学生。原来他们都是因为对学校所规定的必选科目不满，来这里进行协商的。

计算机系的小陈说："虽然我们学校名称叫农业大学，但是已经建设成为一所综合性质的学校。像我们专业，毕业以后绝大部分同学都会待在城市里，而且不管在哪里我们从事的都是软件的开发和应用。但是今年的必选课里竟然有肥料学、农田水利灌溉，而且还都是3个学分，比我们有些专业课都高。

"如果真的这样安排，我们不知道该怎么安排我们的学习时间，一方面，我们要保证自己的平均学分，另一方面我们还想多学一些专业知识。学校这样做只会让我们在一些以后用不到的知识上浪费大量的时间。"

试问，学生如果有上面这样的想法，又怎么能不对这种"鸡肋"科目深恶痛绝？另外，所学科目的陈旧、不适应社会发展的需要，也是学生厌学的原因之一。知识的更新半衰期是4年，就是说，大学所学的知识，在4年以后，将会有一半变得没有实际使用价值。一些更有时效性的知识，如计算机、金融等等，半衰期更短。

但是，有些学校使用的教材甚至是数十年前的老教材，在社会上这种教材里的内容早就淘汰了，试问这样的教材又怎么能让孩子有学习的积极性？

因此，对于觉得知识没用的孩子，一方面，我们要端正孩子的学习态度；另一方面，我们也要从教育体制和教育内容上找原因。

不能忽视课堂外的知识

著名科学家爱因斯坦除在物理学等领域取得杰出贡献外，还是一位音乐发烧友，小提琴的演奏水平相当高，同时其对古希腊哲学也有较深的研究。

从厌学到好学，从好学到学霸
——如何让孩子爱上学习

据传，爱因斯坦与比利时王后伊丽莎白等经常组成乐队，进行四重奏演奏。在四重奏中，爱因斯坦担当首席小提琴手，而王后伊丽莎白则是第二小提琴手。

每当荷兰莱顿大学邀请爱因斯坦去参加物理讨论会时，爱因斯坦总爱住在他的朋友、物理学家埃伦菲斯特家里。在埃伦菲斯特的家里，小提琴也常常"参加"科学家们激烈的科学论战。埃伦菲斯特和爱因斯坦常常由于某个问题激烈地争论，在唇枪舌剑中争得面红耳赤时，他们就会休息一会儿。

埃伦菲斯特是出色的钢琴家，爱因斯坦是一个小提琴家。爱因斯坦在这位物理学家的伴奏下，拉出的小提琴旋律也增加了特殊的光彩。

陆游曾经说过，"汝果欲学诗，功夫在诗外"，意思再清楚不过，要想写得好诗，不单单是在诗词本身下功夫，还要练好"诗外功"。

"功夫在诗外"有触类旁通、促进思考的好处。孩子的学习也是如此。孩子为什么会厌学，如果单单从学习知识的角度来看，主要是因为学习太过单调无趣。

我们必须承认课堂教育的重大意义，但是课堂教育所传授的知识有一定的局限性。一方面，课堂内的知识单调枯燥，孩子往往难以客观地了解知识的具体应用价值，只是片面地从书本和教师那里获得知识，在具体的应用上，缺乏必要的实践，所以课堂内教育的成功与否，往往和教师的职业素质和教学水平有直接的关系。另一方面，孩子需要接收的知识应该是多方面的，而课堂内的知识主要是教育孩子一些基础理论和基础知识，为将来孩子步入社会打下理论上的基础，而有很多方面的知识在课堂内是涉及不到的。

课堂外的知识与课堂内的知识相比有三个方面的优势：第一是趣味性。与课堂内的知识相比，课堂外的一些知识往往更加生动有趣，更能引起孩子学习的兴趣。第二是灵活性。课堂外的知识有多种表现方式，如运动、音乐、远足、社会实践、阅读、观看展览等等，孩子可以根据自己的爱好自由选择。第三是广泛性。与课堂内知识针对性强的特点相比，课堂外的知识则具有广泛性的特点，因为它面对的是整个社会的方方面面。

现在，对孩子的教育仍旧应该以课堂内教育为主，课堂外教育只是一个有益的补充。所以，学校教育要和课外活动紧密结合起来，不能忽视课堂外的知识学习。

一味强调学校教育，容易让孩子变成一个不懂得思考和应用的"学习机器"，从而丧失学习的兴趣而产生厌学情绪；而课外活动安排不科学，孩子则可能"玩野"。

比如让孩子适当学习一些网络知识有利于孩子的身心成长，但是如果孩子沉迷于网络，反而会影响学习；孩子喜欢参加航模活动，有利于孩子学习一些物理及其他相关知识，但是如果天天摆弄那些东西则很可能"玩物丧志"。

目前，我国大部分地区孩子的课外活动，还处于一种自发的状态，缺乏科学的指导。

一项全国性调查显示，虽然八成以上中小学生认为课外活动能使业余生活变得"更有意义""更愉快"和"更丰富多彩"，但是关于他们课外活动的内容,他们的反馈却不能不让人担忧。

调查显示,看电视是十几岁的中小学生最主要的课外活动,如果说课外活动是学生的第二课堂的话,那么电视、网络无疑已经成为孩子们在学校之外的第二位老师。

调查中,当被问到课余时间主要做些什么时,无论是小学生还是中学生均有超过八成回答是"看电视、上网、玩游戏",而且每天花100分钟以上看电视的最为普遍,这自然与我国城市家庭高达98%的网络、电视普及率不无关系。然而应引起我们重视的是,在节目资源没有任何限制的今天,孩子能看到的不仅仅是卡通和动漫,一些"少儿不宜"的镜头也会毫无遮拦地出现在他们眼前,面对这样的事实,如何在电视内容上合理选择,使网络和电视当好孩子的另一位老师,似乎已迫在眉睫。

体育活动是中小学生另一个主要活动。随着城市人口的增加,供人们进行体育锻炼的空地越来越狭小,很多体育活动需要到体育场馆中进行。目前各城市普遍体育场馆不足,价格相对比较昂贵,同时专门为青少年设置的体育设施较少,这些都或多或少成了孩子们到体育场馆进行活动的障碍,调查显示,课余时间经常去体育场馆的中学生为38%,而小学生只有27%。体育设施的不足已经成为青少年体质下降的主要因素之一。

除了看电视以外,还有许多"安静"的课外活动受到中小学生青睐。有超过六成中学生和近四成的小学生喜欢在课余时间听音乐,三分之一左右喜欢在课余时间阅读课外参考书籍,同时,还有不少学生用课余时间读小说、看杂志。

第8章
学霸,成绩不是你的一切

调查发现,小学生课外经常做家务的有28%,排名在第16位,中学生的该项比例为24%,排在第19位。按理说,随着年龄的增长,孩子为家里分担家务的能力更强了,但调查结果却相反,随着孩子学习负担的加重,不少家长怕耽误孩子学习就对他们的生活大包大揽,目前新大学生的自理能力差已经成了一个很普遍的现象。

调查首先让受访学生在给定的36种校外活动场所中,选出自己家附近就有的。这些场所既有普通的户外活动、娱乐场所,如公园、台球馆等,也有专门为中小学生设立的少年宫、青年宫等。结果公园、网吧和购物中心的入选率最高,而青少年活动中心、青少年活动基地等专门为青少年设置的活动场所的获选率却很低,几乎全部排在靠后的位置。

此外,本次调查显示,城市中小学生参与课外活动的时间并不算多。他们每天的课外活动时间远不到一小时。中小学生的活动时间分配并不平均,校外活动的高密度期是寒假和暑假,中高密度期是周末,中密度期是周五下午和五一、十一长假,低密度期则是平时放学后和春节期间。

虽然从结果看,目前中小学生的课外活动并不十分充足,但仍然让他们期待,毕竟课外活动使孩子们的业余生活变得更有意义了,更愉快了和更丰富多彩了。并不十分充分的课外活动似乎成为他们排解压力的主要途径。

从调查的结果分析,目前孩子学习课外知识的时候有以下几点不足:

第一,孩子的课外活动时间严重不足。除了假期以外,孩子每天的课外活动时间还不足一小时。严重的课业负担加上课外时间不足，对孩子的身体和精神都有很大的影响，很多孩子厌学都是这个原因产生的。

第二，孩子的课外活动缺乏必要的科学指导。调查中可以看到，孩子在业余时间大多数是去上网、购物、看电视，这不能不让我们反思。

第三，孩子缺乏必要的课外活动空间。为什么青少年活动中心等可以让孩子获得更多有用知识的地方孩子却很少光顾？一方面是因为缺乏必要的指导和宣传，另一方面和这些活动中心的活动内容有关。现在很多人只顾眼前的经济利益，开设各种钢琴班、绘画班等等，孩子到这种地方，等于从一个课堂到了另外一个课堂。学习的压力非但没有减轻，反而还加重了。

认养花草培养环保意识，野外生存磨砺意志，种瓜、种菜，体验稼穑甘苦……孩子在这些有益的课外活动中，可以培养学习的兴趣，补充必要的知识。课外活动与课堂教育相辅相成，两者如果有机地结合起来，孩子就能以一种充满兴趣的积极心态去对待学习，也就远离了厌学等负面情绪的困扰。